Jürgen Theobaldy
Nun wird es hell und du gehst raus

Jürgen Theobaldy

Nun wird es hell und du gehst raus

Ausgewählte Gedichte

Wallstein Verlag

Abenteuer mit Dichtung

Als ich Goethe ermunterte einzusteigen
war er sofort dabei
Während wir fuhren
wollte er alles ganz genau wissen
ich ließ ihn mal Gas geben
und er brüllte: »Ins Freie!«
und trommelte auf das Armaturenbrett
Ich drehte das Radio voll auf
er langte vorn herum
brach den Scheibenwischer ab
und dann rasten wir durch das Dorf
über den Steg und in den Acker
wo wir uns lachend und schreiend
aus der Karre wälzten

Zieh mir die Decke hoch, Baby

Ich komme auf die Brücke zu, es wird kälter
und ich wünsche mir ein Paar gefütterte Winterstiefel.
Ich denke an den einsamen Leuchtturmwärter,
der jetzt besonders übel dran ist,
vielleicht hält gerade ein Boot vor dem Leuchtturm
und jemand ruft ihm einen Inselwitz zu.
Meine Nieren! Gestern hat die Ärztin
rote Blutkörper im Urin gefunden
und heute soll ich wiederkommen,
um frischen dampfenden Urin abzuliefern.
Von weitem sehe ich die Klinik,
aber dazwischen ist die Brücke. Es wird kälter.
Ein kalter Wind fährt aus dem Tal,
er kräuselt das Wasser
und ich hätte gern meine Nieren
in die Taschen meines Wintermantels gesteckt.
Ich werde dritter Klasse ins Krankenhaus kommen
und wahrscheinlich Blut verlieren.
Ich werde den weißen Kittel des Oberarztes sehen,
die gehetzten Gesichter der Assistenten.
Ich werde in eine Statistik eingehen
und die Widersprüche im Gesundheitswesen belegen.
Ich werde meine kranken Nieren
einer guten Sache zur Verfügung gestellt haben
und vielleicht wird mir der Leuchtturmwärter
dankbar sein,
      wenn es bei ihm so weit ist.

Gedicht

Ich möchte gern ein kurzes Gedicht schreiben
eins mit vier fünf Zeilen
nicht länger
ein ganz einfaches
eins das alles sagt über uns beide
und doch nichts verrät
von dir und mir

Ostern in Esslingen

Das Ganze dauerte bis zum Morgen. Gegen Mitternacht fuhr der Wasserwerfer vor. Das Rohr schwenkte herum irgendetwas heulte auf, und dann der Wasserstrahl! Ich hatte den Regenmantel mitgenommen, falls es regnen würde während unseres gewaltlosen Sitzstreiks. Einem Polizisten schoss der Strahl ins Auge. Wir alle wurden durchnässt. Wenn der Wasserwerfer Wasser tankte, hatten wir Ruhe. Einmal, gegen zwei, diskutierten wir mit den Polizisten. Sie waren schon beinahe auf unserer Seite, und dann der Wasserstrahl! Die Stimmung blieb gut bis zum Schluss. Sie wurde immer besser. Morgens um fünf hörten wir im Kofferradio, dass die Blockade überall gelungen war, und nachmittags in Heidelberg gab es noch keine Bild-Zeitung. Auf der Rückfahrt im Auto durchnässt und erschöpft, träumte ich von Lenin, den wir auf den Schultern ins Palais Schaumburg getragen hatten.

Briefe und Gedichte

Alle trinken am Abend, während sie
dasitzen und mir Briefe schreiben
und alle Briefe enden mit einem:
»Die Flasche ist bald leer.«
Was ist denn geschehen?

Morgens nach dem Frühstück
lese ich die Briefe
mit einem beinah klaren Kopf
und mir fällt ein, dass im Kühlschrank
nur noch eine saure Tüte Milch steht.

Wie schwer sind die Zeiten
wenn man schweren Wein braucht
um vorwärtszukommen, um auch nur
ein Blatt Papier mit ein paar Gedanken
schwerer zu machen?

Wein, Rotwein, Weißwein!
Ohne dich kommen wir nicht durch.
Immer müssen wir ein Glas
an die Leine hängen, sonst fliegen
unsere Pläne ohne uns davon.

Und immer müssen wir von dir
ein paar Tropfen auf der Zunge haben
sonst klebt das Kuvert nicht, sonst kriegen
die Gedichte nicht diesen kühnen Schliff
den ein Glas hat.

Wein, Rotwein, Weißwein!
Wir schreiben Briefe und Gedichte mit dir.
Dann gehen wir aufgeräumt ins Bett
wo die Frau noch wach ist oder schon schläft
oder gar nicht erst nach Hause gekommen ist.

Das Bündel

Als die Beamten das Bündel öffnen
das sie, eingepackt in Zeitungspapier
und blutbefleckt, in einem Schließfach
am Bahnhof gefunden haben, machen sie
eine grausige Entdeckung: die Lebensgeschichte
einer jungen Frau aus der Arbeiterklasse.

Zu Besuch

Ein warmer Regen am Abend
und ich höre dich lächeln, obwohl du
nicht hier bist. Die Bäume vorm Haus
sind leiser geworden, ich trete
vom Fenster weg. Hinter mir im Sessel
mein Vater, den Bademantel über der Weste
um Kohlen zu sparen. Geschichten
aus einem fremden Leben, fremder
als Geschichtsbücher. Inflationen
Hungersnöte, drei Ehen, Kellner
Vorführer von Propagandafilmen, Heizer
bei den Amerikanern. Ratschläge, die ich
nicht annehmen kann. Drüben geht Licht an.
Mein Vater, der immer noch spart. Jetzt geht
der Fernseher an. Ich höre dich lächeln.
Die Möbel werden dunkler, und gegen Jahresende
sinkt die Rente, oder, wie sie
in Mannheim sagen: Das alles bleibt dir
in den Kleidern hängen, das geht
nicht mehr heraus. Das ist schwer
schwer wie ein warmer Regen am Abend
wie dein Lächeln, das ich höre
obwohl du nicht hier bist.

Trakl stapft am Waldrand entlang

Trakl stapft am Waldrand entlang
vorbei an Bäumen die verwesen und schwarzen Hütten
immer einen Fuß vor den andern
    auch irgendwie nervös
mit einem kahlgeschorenen Kopf
auf dem die Narben zu sehen sind
    Goodnight Irene
    I guess you're in my dream

Seine Lieblingsfarbe ist blau oder purpur
silber ist sie
    wenn er nach Feierabend
aus der Apotheke tritt
und alle anderen Läden sind auch zu
die Sonne ist weg
und er trägt die dritte Fassung eines Gedichts in der Tasche
ein Röhrchen Tabletten noch halbvoll

Wieder stapft Trakl am Waldrand entlang
ein Bild aus »Viva Maria!« im Kopf
eins von seiner blassen Schwester
und Verse
    nichts als Verse …
Wie endlos lang ist dieser Sommer vor dem Sturm der Völker
auf die kaiserlich-königliche Requisitenkammer!

Zwei Tage und zwei Nächte geschlafen
und immer noch diese Veronalvergiftung:
Wieder zwischen den Häusern
geht er dem Klang einer Gitarre nach
Wirtshausgelächter Hurra! und dann
ein Blues wie

       Goodnight Irene
       I guess you're in my dream

Jetzt glühen die Narben auf seinem Kopf
   oder sie sind verschwunden
und mit einer Haarlänge von 2 cm
öffnet er die Tür zum Wirtshaus
aus dem ein warmer Lichtschein fällt
 Oh Österreich von 1914!
Wer ging dort so dahin
nur mit dem Kampf gegen das Chaos seiner Bilder beschäftigt
       gegen das Klima in Bankhäusern
     und gegen das unendliche Gefühl von Schuld
  zu leben
während Residenzen und Ämter verfallen
       und doch nicht zerschlagen werden

Speziell für dich

Weil du gern Pflaumenmus magst
habe ich heute Plaumenmus gekauft
Ich nahm mir ein Herz
trat hinein in den Delikatessenladen
und kaufte »Pflaumenmus – Plückfrisch«
O komm vorbei! Du kannst
die Schalen noch schmecken die Kerne
selbst Stängel und kleinere Zweige!

Mein junges Leben

Ich will so groß werden
wie die Männer, wenn sie die Daumen
an den Hosenträgern reiben.
Der Rauch aus den Zigarren mischt sich
mit dem Staub abgerissener Ruinen
und den blauen Schwaden der BASF
die von Ludwigshafen herüberziehen.
Auf dem Messeplatz spannt die Traber-Familie
ein Seil von Haus zu Haus und zeigt, wie man grazil
über die Nachkriegsjahre kommt.
Unten drehen allmählich die Lieder
der Arbeiter ab, die roten Fahnen
verschwinden in der Menge, und
die Gewerkschaftsführer schauen auf die Uhr.
Der Fernseher läuft ohne Ton
schon den ganzen Nachmittag, jetzt ist
der keusche Sheriff dran und Gottlob
er lässt sich nicht kriegen
von dieser raffinierten Lady aus Boston.
Wenn ich noch einmal geboren werde,
möchte ich als Zigarette
auf die Welt kommen und dann
zwischen deinen Lippen langsam verbrennen.
Während der Fernseher immer noch läuft,
zeigt mir meine Cousine im Schlafzimmer
ihre Muschi. Das rosa Zäpfchen
zwischen ihren Schamlippen ist eine Entdeckung,
die ich nicht für mich behalten kann.
Ein Brief vom Klassenlehrer, den
meine ganze Verwandtschaft liest, bedroht mich
mit dem Jugendheim. Onkel Karl kommt von der Schicht,
isst seinen Kartoffelsalat, übernimmt die Bank
und gewinnt zum ersten Mal in seinem Leben.
Wäre dies ein Film, wir hätten ihn

kurz nach Mitternacht erschossen. Lieber Onkel Karl,
alles in allem waren wir eine friedliche
Verwandtschaft. Jetzt sind wir ziemlich auseinander,
meine Cousine hat sich scheiden lassen
und Cousin Willi auch. Viele Grüße
aus Österreich, das Wetter ist sehr schön.
Meine Mutter bringt mir einen Kuli mit,
worauf ein Schiffchen immerzu
über den Wolfgangsee fährt. In der BASF
explodiert ein Kessel, und jeder Arbeiter
bekommt sein eigenes Grab, obwohl niemand weiß,
welche Reste von wem darin liegen.
Onkel Karl lebt noch und nimmt mich mit
zu den Reihengräbern. Sie erinnern mich
an den Krieg, ich beschließe
Pazifist zu werden und höre Platten
von Pete Seeger. Vorher ist Kirmes,
wir drücken uns in die dunkleren Gänge
der Raupenbahn und knutschen die Mädchen ab,
die immer zu zweit sind. Heute arbeiten sie
bei BASF oder bei Daimler-Benz auf dem Waldhof,
ihre Brüste sind größer geworden, die Hintern,
die Arme. Ich erfahre aus dem Wirtschaftsteil
der FAZ, dass meine Lehrfirma bankrott gemacht hat:
Damals stand sie mir so groß gegenüber,
und heute habe ich sie überlebt. Lieber Cousin,
alle zusammen sind wir immer noch ärmer
als jeder ihrer Teilhaber. Sie ziehen
ihre Einlagen ab, du wechselst die Einlegesohlen
und suchst eine neue Stelle. Ich habe schon
1963 gekündigt und fahre zum ersten Mal
nach Paris. Es ist eine Sensation.
Hans und ich finden zwei Huren für 17 Francs,
anschließend trinken wir Rotwein am Tresen,
reden über Rimbaud und stellen uns ab jetzt
unser Leben ganz toll vor.

Blues aus Bayern

Mein Großvater war ein rollender Stein
er rollte die Alpen herab
zog eine breite Spur durch München
pflanzte keinen Baum las kein gutes Buch
tötete seinen ärgsten Feind nicht
machte sieben Kinder und verschwand
hinter dem Bodensee in der Schweiz
in einem kalten ausgeräumten Zimmer
mit nichts als einer Menge Bierflaschen
auf dem Boden neben der Matratze

Spiegel

Wir lehnten an der Hauswand und sahen zu,
wie die beiden aufeinander losgingen.
Sie tänzelten herum, dann begannen die kurzen
trockenen Schläge gegen die Lederjacken.
Jimi ging rein und drückte »Blue Suede Shoes«
von Elvis. Er kam zurück, als die beiden
gegen den geparkten Ford Taunus fielen.
Der Spiegel brach ab, sie ließen sich los
und stopften ihre Hemden in die Jeans.
Wir hatten nichts Besonderes vor und gingen
wieder rein zu unseren Biergläsern.
Die beiden gingen nach hinten durch,
um sich auf dem Klo zu kämmen, wo immer noch
der alte Spiegel über dem Waschbecken hängt.

Die Bewohner

Nur die Bewohner machen
eine Wohnung fröhlich,
aber du bist nicht da,
die Heizung ist abgedreht
und kühl sickert die Luft
durch den Spalt im Fenster.
Ich will nicht sagen, dass ich
dich austauschen könnte
gegen irgendjemanden sonst,
ähnlich dir oder ganz
anders. Du bist eine
von Millionen, aber auch ich
bin einer von Millionen.
Wären wir soweit (du und ich
und alle, die wir nicht kennen),
die Türen nicht abzuschließen,
wenn wir wegfahren für länger,
wer weiß, ich wäre eingetreten
in einen fröhlichen Kreis.
So blicke ich auf den Teebeutel,
vertrocknet im Aschenbecher,
stehe im Mantel herum
und vermisse dich, die ich liebe,
vielleicht mehr
als uns lieb sein kann.

Durchs achte Glas gesehen

Manchmal denke ich daran, wie du
sein wirst mit siebzig. Zuerst versorgst du
die Katzen, dann sitzt du am Tisch,
schenkst dir einen ein. Du warst »schön«,
jetzt bist du »verschroben«. Der Vormittag
vergeht mit deinem Blick auf das Tischtuch
aus Wachs. Was gibt es zu erinnern?
Die Katzen schleichen in die Schatten
der Möbel zurück. Wieder so ein Tag
oder was war los? Gegen zwölf bringt
der Ausfahrer das Essen, warmgehalten
in der Silberfolie. Du betrachtest ihn
mit Misstrauen; er ist so oft ein anderer.
Ist sein Job bei der Wohlfahrt vorbei,
geht er zur Universität. Für dich aber
bleibt der Nachmittag sehr lange da.
Das Fernsehprogramm ist mehr für junge
Leute. Ein Schnäpschen in Ehren. Damals,
aber wann, gefielen dir die Lieder besser,
was immer sonst passiert ist. Die Katzen
streichen aus dem Dunkel ins Helle
der Nachttischlampe. Ein Schnäpschen
in Ehren. Es ist das dritte oder auch nicht.
Später, im Bett, der lange Blick
zur Zimmerdecke. Wo warst du heute Abend
vor dreißig Jahren? Morgen früh
versorgst du zuerst die Katzen.

Die nicht erloschenen Wörter

Es gibt nur Wörter
für die Dinge, sagte Rolf Dieter Brinkmann
im Zimmer des Rhine-Hotels (auch
so ein Ding), wie diesen Abend
beschreiben (der sein
letzter war), diesen Augenblick, wie
anders beschreiben als
mit Wörtern für die Dinge, dieses Tapetenmuster,
den Fußboden, die Farbe der Decke
auf dem Bett (worauf er saß
und geschrieben hatte
in sein Notizheft), schau, erinner dich,
was du gesehen hast, heute
auf dem Weg durch London, die Enten
in der Pfütze auf dem Bauplatz, inmitten
der Stadt (woher kamen sie?),
der Bauarbeiter mit nacktem Oberkörper, die
jungen Mädchen (Sekretärinnen,
Stenotypistinnen, Verkäuferinnen), die
aus den Büros kamen,
um die U-Bahn zu nehmen, wohin? und was
tun sie jetzt? (die dicken
schwarzen Vögel im Kensington-Park
am Morgen) und Erinnerungen
an 1968, wovon er sprach,
die Beat-Konzerte, das Bücherpaket
mit »Fuck You«, hier,
trink nen Schluck,
die Flasche Bier (die seine
letzte war), nicht einmal
halb leer, wie krieg ich das unter
im Gedicht, nur
mit »Flickwörtern« (die Wörter, älter

als Maschinen, wie beschreibe ich
die Arbeit der Maschinen? alles metaphorisch?),
vielleicht »Formelsprache«, was?
Und was übrig bleibt, die Stimmungen,
die ›vibrations‹, wie du sagst (sie
sind nicht in den Wörtern, sie sind
im Gedicht), und was er
hinterließ,
nachdem ihn das Auto traf,
die Lichter, Stadtlichter, für immer erloschen
für ihn, abends gegen zehn
in der Westbourne Grove, 23. April 1975,
was er
hinterließ, war
dieses Arsenal von Wörtern, Wortfelder,
Trümmerplätze von Wörtern, zersprengte
Wortwaffenlager, Wortalpträume
gegen den täglichen Alptraum,
»Wortidyllen«, denen er
die Haut abzog, ohne Spaß, ohne Nachsicht, was er
hinterließ, war
dieses »dreckigste Bild« vom Schrecken, das er
»nicht verlangt« hat.

Am Rand des Krieges

Zweites Entsetzen, ich zog das Hemd hoch
und drückte das Blut ab, was war los?
Das hatte ich nie gewusst, am Wegrand
hinter den verstaubten Hecken.
Die Bombe steckte im Lehm, wer warf
den ersten Stein? Die Bombe platzte nicht,
wir rutschten ins Gras, in kurzen Hosen,
Sommerkleidern mit Blumen, später
die Pfützen, der Wind, Himmel, lass
den Rock oben! Die Brombeerhecke quoll
den Graben hinab, das Schloss knirschte,
es war wieder Sommer, summendes Leben,
der Schutt wurde weggeräumt, die Steine
tanzten im Garten, die Ausschachtung begann,
danach Wohnblocks, Altersheime die Menge.
Ich hatte zugesehen, die Schleuder in der Hand,
die Kastanie ausgehöhlt für Tabak aus Gras.
Der Hund bellte, riss den Fetzen vom Schenkel,
was keine Notiz für die Zeitung war.
Die Maschen zittern im Draht, im Rost,
die Erdbeerblätter ruhen. Was dachte ich,
als die Tür geschlossen war von innen,
vor der weißen Haut? Ich kannte das Wort
nicht, sah Geschwelltes, Weiches ohne Falten,
Dunkles unterm Rock und langen Strümpfen.
Sah Spiegelbilder auf dem Wasser der Tonne,
Eierschalen im Glas, ich kannte nichts
und ging darauf zu, man schob mich ins Zimmer
und knipste das Licht aus, ich las und ging
zur Schule, sah Zahlen, Kreide und Fahnen.
Die Schiefertafel knallte, ein Sprung,
ein Pfiff, die Luft war raus, ich schob
das Fahrrad den ganzen Weg, ich keuchte,
allein zurück und wollte doch weg.

Schuhe im Bidet

Das Wunderbare beginnt, wenn das Gewöhnliche endet,
das war nicht mal neu, doch es war seine Meinung,
als er von Träumen erzählte, die Jahre auseinander lagen,
der zweite Traum war die Fortsetzung des ersten,
sagte er, ich richte mein Leben danach ein, jetzt
bin ich der Magier von Berlin, paroxystische Augenblicke
nennt man das, aber wo blieb das Wunderbare?
Es kam im Fernsehen, ganz nach Programmausdruck,
eine Schuhverkäuferin machte ihr Glück mit ihrem Lächeln,
niemand trug so grazil die Schuhkartons in den Keller
wie sie, bis der unerkannte Millionär kam
und dem Drehbuch den richtigen Dreh gab, der Dreh war:
Sie sind wunderbar!
               Da ging ich weg, ein paar Schritte
und ich war in der Seitenstraße mit jungen Huren
vor den Eingängen der Hotels, Mülltonnen am Bordstein.
Die eine Hure wollte eine Boutique aufmachen, während
die andere Hure ihre Boutique zumachte, Ausverkauf ›totale‹,
wo blieb das Wunderbare? wo der ungehobelte, doch
wohlversorgte Kunde, der seine Schuhe im Bidet abwusch?
   Da kam er,
den Matrosenhut auf, zog einen Kaffeebecher aus Blech
aus der Jacke und sagte: »Ich war der Mannschaftskoch,
jetzt bin ich reich. Hier, fühl mal. Alles Gold.«
                     Da ging ich
wieder weg, über dreißig, kinderlos im möblierten Zimmer,
das war etwas ungewöhnlich, aber wunderbar war es nicht.

Im Innenhof

Unterhöschen, lauter weiße Unterhöschen,
so locker über die Wäscheleine geschwungen.
Darunter steht sie, aufrecht, den Korb leer,

und schaut hoch, schaut hinauf in diesen Zug
luftig gebauschter Wolken, wie sie still
über der Leine schweben und nicht fortziehen.

Ein Arm in die Hüfte gestemmt, den Kopf
gehoben, sieht sie die Wölbung ihrer Formen
vom Hintern in den Himmel gehängt.

Das gelbe Nachtcafé van Goghs

Sie hatten das Poster
zwischen die Gummipflanzen getragen,
an den ersten Gästen vorbei.
Seit es haftet, stehen die Sterne fest.
Wimmernde Harmonika, Sonnenbrille,
die Musik legt los, wie schwül,
gelbes Licht, der Sänger keucht.

Warm das Pflaster vor dem Stadtteilcafé,
die Körper summen
im Stroh geflochtener Stühle:
Wie nah die Lippen sind,
wie Zündhölzer trocken, sie
kitzeln im Fieber.

Nächstes Set, einer tauscht
das Kornett, das Blech singt mit.
Feuchte Blusen, Blicke,
eng der Weg zum Klo,
jetzt sind alle da,
unter dem Bild mit dem Café
und dem Himmel bei Nacht!

Van Gogh? Schon lange weg,
davongehastet, die Hand am Ohr,
den Yorck-Brücken zu.

Sterne, funkelnde Tropfen,
Schweiß in den Haaren.

Weit oben

Er war sich wieder sehr nah,
während sie weiter weg war,
über den Rand des Kissens hinaus,
aber sie ließ ihr Bild bei ihm,
ihren Körper, den er berührte,
mit der Zunge, dort, wo er
feucht war, nass, die Haare
verklebt, mit Schweiß
auf den Innenseiten der Haut,
unter den Achseln, später, als
sie sich trafen und sich anschauten,
als hätten sie sich erkannt,
jeder den andern, in diesen Minuten,
während der Lärm von der Straße
wieder in sie einsank und sie
dalagen, weich, gedehnt,
voneinander überschwemmt,
mit Augen weit offen.

Näher nachts

Die Neonlampe gießt auf die Platane ab,
das Licht fällt platzend in die Blätter,
Zweige zucken, harte Stöße Wind,
und ohne Ziffern treibt der Bus vorbei,

das Schild ist blind, ich friere noch
im dünnen Anorak, der nächste Bus
bleibt aus, vom Frikadellenstand
das Zischeln her, die beiden Frauen tanzen

um den Stehtisch, was keinen Spaß macht,
aber wärmt, vielleicht, ich spreche nicht
für sie. Der Streifenwagen hält, ist glatt,
ein Kombi, mit Signalen vollgeladen.

Die Ampel springt, die Farben fallen
auf das nasse Blech, ich suche Großgeld,
einen Schein, um fortzukommen, raus
und hin zum Schrecken der Tapeten,

zu späten Wörtern über Mordversuche,
in die geschlossene Abteilung umgelenkt,
über diese vorhin tot gezeigte Frau,
niemand kennt sie, Drohungen am Taxistand.

Du machst das Licht aus, näher her,
Sekunden ticken. Dieser Regen blättert
Schwärze in den Hof.

Ohne Blumen

Die Utopien sind zurück, sind
in die Schubladen gepackt worden,
Leute gehen in schmalen Schlangen
über die Felder. Ein Graben,
dahinter Rollen aus Stacheldraht,
verdreckte Polizisten, die Gesichter
abwesend hingehalten ins Teleobjektiv.
Unten rutscht der Schlamm weg,
Gummistiefel stecken im Matsch, Reiter,
spitz, für die Reifen der Panzerwagen.
Und wir rennen dem Fortschritt hinterher,
wir rennen dagegen an, Wörter fallen aus
wie Zähne. Schwer steht es um uns,
sagt einer, er verweigert den Schluss,
der ermuntern soll. Gib ihn mir zu lesen!
Noch zehn Jahre Wasser in den Flüssen,
dann ziehen die Industrien den Querstrich.
Ihr toten Künstler, auch ihr werdet sterben
und eure Leidenschaft, wenn von uns
nicht einmal die Kunst zurückbleibt,
zerstört wie wir sind von unseren Werken.
Tabakkrümel in der Jacke, Papier
für Zigaretten, für Aufrufe, Anzeigen.
Deine Angst hat im Februar Geburtstag,
lese ich bei dir, meine im März, wir,
alle könnten die Letzten sein, irgendwo
mit erstickten Gitarren gelehnt an etwas,
für das es keinen Namen mehr gibt,
kein Lied dann, keinen Rhythmus.

Sommer vorbei

Jetzt fallen die Blätter überall hin,
in den Rinnstein, auf die Autos,
sogar auf mein Fenstersims.
Vor fünfzig Jahren nahm das Dienstmädchen
die Blätter mit spitzen Fingern weg.
Von ihm ist nur der Dienstbotenaufgang geblieben,
der Riegel und die Kette an der Tür,
dazu diese Kammer ohne Heizung.
Auch dort fallen die Blätter hin.
Die Spinnen setzen sich drauf, um zu sterben,
die Spinnen welken mit den Blättern.
Ich denke an mein erstes graues Haar
oder werde ich sterben, ohne es zu sehen?
Wahrscheinlich ist der Tod eine poetische Erfindung,
solange wir ihm nicht selber begegnen.
Der Herbst ist eine poetische Erfindung.
Es fiele mir nie ein, hier zu schreiben,
wer jetzt kein Haus hat, baut sich keines mehr.
Und ich bin noch nicht einmal allein.
Ich gehe durch verrußte Nebenstraßen,
die Blätter rascheln, der Blick der Frau
trifft mich dicht über den Augenbrauen und raschelt.
Ich könnte mich unsterblich verlieben,
wenn nicht Herbst wäre. Er erinnert mich daran,
dass wir alle sterben müssen
und dass sogar die Erde endlich ist
und dass es mehr Tote als lebende Menschen gibt.
Ich glaube an keinen Himmel,
auch an keinen für kleine graue Spinnen
oder für Blätter, die verwelkt sind.
Einmal werden wir sein wie sie
und wehe wir sterben noch vor der Zeit,
hingestreut auf den Asphalt
in dieser ganz eindeutigen Haltung.

Junge Frau als Studentin

Am Nachmittag Shampoo ins Haar gewaschen,
das Radio ans Fenster gestellt, später ans Bett,
unter den Kleidern nach der Haut gesucht.

Überall sonst ist was los, die Kassen klingeln,
Autos werden repariert, Fleckenmittel verkauft,
neue Schlüssel treffen ein, Halteschilder neu.

Hier ist nichts los, Urin gelb im Becken,
Mann hat »abgespritzt«, Mann weg. Im Eimer unter
dem Waschbecken sickert die Farbe vom Pinsel,
die Kosmetikdose verstaubt auf dem Sims.

Finger in den Schamhaaren, sie zupfen, dann
gehen sie tiefer, sachte, mit Nachdruck.
Später neue Vokabeln, Kaffee, zarte Fahne.

Abendbrote, ein rosa Streifen am Himmel, knapp
über den Dächern, Gisela ruft an, Mann krank
vor Ichsucht, »brauchst du Hilfe?«, »es geht«,
ein Brief, die Gründe klarzulegen, folgt.

Nochmals das Badezimmer, Gedanken an morgen,
zärtliches Gefühl, wenn der Tutor spricht,
aber zuerst der Text gegen Gewalt an Frauen.

Schließlich »poems« auf Englisch, Sehnsucht
unter dem Lampenschein, sie hört im Traum
die Rufe aus der Kindheit, nein, Tochter der Erde,
nicht zurück zu Haarspray, Augenaufschlag, Demut.

Licht

Als ich den verdorrten Hang
hinabstieg durch den Staub,
der Bus war weg, vorbei
mit festgeklemmten Türen,
sah ich die Insel treiben
weit im Dunst, kein Laub,
ich sah das Wasser funkeln
durch Geschlossenheiten
von Stille, Licht und Nachmittag,
ich sah die Wellen,
aufgeblättert sacht vom Wind.
Der Sommer ging und blieb
in diesem Augenblick
noch für ein nächstes Jahr.
Ich ging, ich stand, war da
und hatte nichts dabei,
kein Brot, kein Wasser,
keinen Beutel Trauben,
nur dieses fernenleichte Blau
in Räumen, in den Augen.

Kalte Stangen

Erfrorenes Gras, knirschend am Weg,
die Äcker sinken hinter die Sonne,
ich gehe in den Abendschein, mit Fotos.

Ein Quader Eis im Brunnen am Friedhof,
Reihengräber ohne Blumen, Todesjahr 1945,
ich lese die Namen, fremde, der Verschleppten.

Hitlers Armeen haben die Stiefel
in ihre Träume gestellt und die Träume
weggeräumt, die zerborstenen Körperteile.

Jetzt liegen sie hier, drunten und tot,
sie verwandeln sich im Boden mit den
Jahreszeiten, erstarrte Fetzen im Winter,

Nasses, verschimmelt im Frühling, ich zähle
sie nicht auf, die Sommer in der Hölle,
das Grün, dahintreibend über Moos und Tümpel.

»Mit wem gehst du?«, rufen die Kinder
vom Waldspielplatz her, wo sie schaukeln
an kalten Stangen, Zigarette im Mund.

Grünes Gedicht

Die Bäume, Rinde, Saft,
die schweren Blätterballen,
was sich alles neigt, hinstürzt
und weißes Fleisch wird, Splitter,
schuldlos unberührt Gewachsenes,
wie es das Laub durchbricht,
die Erde schleudert Brocken
in schwerem, schwarzem Duft
nach Licht und nassen Stängeln:
daraus Papier, auch dieses hier,
ein blasses Bild von Bäumen,
sie tropfen ab, sie schlagen hin,
man schafft sie weg und lässt ihn leer,
den Ort im Grünen, Schatten,
braune Knollen, Klumpen.
Das Schmatzen, Gurgeln trocknet
auf dem weißen Blatt in Worten,
die vergilben, Zeit, die geht
und selbst das Leid mitnimmt um sie,
wegnimmt dem Ungetrösteten,
das Licht also, die Nässe, Flocken,
die durch helle Schauer rieseln,
die Bäume, Bilder, Blätter.

Hier die Anrede

Für Nicolas Born

Die Wege, oft gegangen, wurden tiefer,
der weite Deich, die Ferne, nichts gab Ruhe.
Dir blieben bloß der Schmerz, der hohle Atem,
dein Körper noch, verhärtet, Müdigkeit.

Sprachst von Jahren, sprachst von letzten Fristen,
du wolltest weiter, Hoffnung: Sommer, zwei noch.
Sahst das Haus, die beiden rohen Zimmer,
dort würdest du, im Herbst schon, schreiben.

Die ersten späten Tage im November,
sie, letzte Spuren, plirrend auf den Scheiben.
Der Regen tropfte, kahle Zufahrtswege,
die Autos trieben Lichter durchs Gehölz.

Gedichte zeugen, deine Schrift, die Stimme,
im Blätterrausch noch einmal du: dein Traum
der Bilder, des Gewebs, der Bücher. Knochen.

Die Kanäle

Die Geräusche des Sommers, Küchenlärm, Gespräche,
morgens schlagen im Vorderhaus die Türen.
Alter Fahrstuhl, den keiner nehmen möchte,
auch du, Luft, die ich schon vor Blödheit duze,
die Antennen umspielst du, die Kanäle.
Meine Wehmut, sie flüstert wüste Witze mir zu,
außerdem einen Stabreim, ziemlich staubig.
Wen verlasse denn ich, wenn du mich verlässt,
diesen Sommer voll knallender Hauptwörter
und verlorener Straßen Fensterschlünde?

Hinter Scheiben

Der Regen blättert Bücher auf am Rand
der Straße, wasserklar gesetzte Epen,
Erzählungen, bis auf die Haut durchnässte,
erlebte Reden, Selbstgespräche, das
Gemurmel, Dialoge, nasse Namen,
in denen sachte Finger weiterblättern,
die Blätter weichen auf, die angeklatschten,
und Pfützen spiegeln Verse gleißend wider,
die trüben Pfützen, die gespiegelt blitzen,
die Wörter tropfen von den Dächerkanten
und sammeln aufgelöst sich in den Tümpeln,
in ausgedehnten schwarzen Wasserlachen,
der feuchte Abenddunst umhüllt die Titel,
die Namen vieler würdevoller Dichter,
verwitterte Gesichter, fahle Mienen,
Tropfen aus den wassergrauen Augen,
die weit geöffnet in den Regen schauen.

Untergrundstationen

Die alte Tasche auf den Knien,
ein Pflaster um den Griff geklebt,
da sitzt die Frau und flüstert müde,
sie krault und wispert, neckt und küsst,
sie kost die Katze in der Tasche,

nur hin und wieder aufgestört
vom kurzen Halt der Untergrundbahn,
wenn einer zusteigt oder geht
und ihre Knie streift, die Tasche
mit der verstruppten jungen Katze,

die Zärtlichkeit schroff unterbricht,
den engen Kreis von Mund zu Stirn,
von Lippen zum verfilzten Fell,
in den die Frau sich liebend lehnt.

Die Fremden

Die Schatten aufgehängter Mäntel
im Licht um nackte Fensterkreuze,
die vielen Männer vorm Hotel,
das keines ist, ein Abstiegsort, ein

Ort des Wartens, der versteinten
Tage, die hinausreichen, von den
Ämtern ferner Kontinente
bis hierher vor fremde Sprachen.

Sie stehen zögernd rum. Erwünscht sind
sie von keinem, niemand da, der
von ihnen eine Antwort wollte,
ihr Begreifen seiner Welten.

Sie ziehen durch die Parks und schweigen,
es gibt nichts zu tun, für keinen.
Die Blätter sind im Wind, sie winken,
kühle Hände, die dann sinken.

Arbeiten macht müde

Heiser und plump fallen die Tage ein,
die Bande von dicken Südländern,
die sofort die besten Stühle besetzt.
Ich will der Letzte sein, der das nicht versteht.
Sie trällern italienisch
und jonglieren einen Fußball auf dem Spann,
einen zufälligen Fußball unter dem Tisch.
Oh ich kann das auch.
Umarmen sie eine Frau, bleibt sie
für den Rest des Abends vergnügt.
Das versuchte ich oft.
Immer bereit sein, sich in die Fahne
seines Lands zu wickeln und zu tanzen,
ohne je an einen Krieg zu denken!
Ich stehe linkisch daneben,
übergossen von Lärm und so viel Gefuchtel,
bevor ich grüße nach allen Seiten
und gehe, mit Leichtigkeit,
ein paar Zentimeter über den Fliesen.

Mir zur Marter

Der Sommerregen reicht kaum hin,
den Boden zu berühren.
Nur dass die Farben sich verändern,
der dunkle Stein, der schwere Staub.

So bin ich dir nicht nah
geworden. Rutschte dann
aus meinen Wünschen glatt heraus.
Im Sommer gingst du, in den Sommer ging ich.

Wie eng lagst du bei mir. Und jeden Morgen
zerre ich den Traum vom Müll,
verstummt am Rand von Wortgefechten,
vom Anschlag deiner Stimme.

Die Schatten der Arkaden
verdüstern mir, was hieß der Sinn,
wofür es heute keinen Namen gibt,
stattdessen Fragen, Flüche, Fehler.

Nacht mit Neon

Die Frauen gähnen so, dass ihre Ketten
leise klirren. Wer sie anmacht, kriegt eins
drauf. Die Typen stehen abgelutscht
daneben, in der Jacke Kleingeld oder

einen Schlagring, irgendwas von dieser
Art, das keine Kunst ist, sondern helfen
soll, wenn einer rumsteht, dem geholfen
werden muss, nachdrücklich, ungefragt.

Verpiss dich, schiff dich ab ins Freie, mach,
dass du weiterkommst. Wohin? Nur fort
in einen andern Schuppen, eine fremde
Gegend. Wen kümmert das, wie einer lebt,

der weggeht oder zögernd bleibt und gar
nicht weiß, was läuft, noch wie es laufen soll.
Ja, Schwermut, dunkle Blöße, ein Erzittern,
die Neonlichter tropfen zischend runter.

Nicht verlieren dürfen

> Für Joachim Palm

Sie sind zurück, wieder in den Zimmern,
und draußen Wind, die Plätze liegen leer.
Sie waren früher dort hinausgetreten
in ihrer Lust zu sein, sich hinzugeben.
Jetzt warten sie, im Lampenschein Gekritzel.

Sie sammeln ihre Skizzen langsam ein,
aus denen nichts, kein Glück geworden ist,
nur Wörter mehr, in helles Holz geritzt,
wo, Jahre her, die Fenster offen standen
und nun die schmalen Arbeitstische stehen.

Sie sitzen da, reglos geworden, eigen,
in dieser Stille später Tageszeiten.
Sie sinken schwer in ihre schweren Wünsche.
Die Lust ist abgezogen, auch die Steuer,
die Wände stehen um den Dielenboden.

Das Holz in seinen Kanten hängt nun fest.
Nach welchen Fernen, wohin Ausschau halten?
Verhangen sind die Fenster, aber fallen
Blitze eines wilden Lebens ein?
Wie wenig sie sich sagen, komm herein!

Sie sind zurück, wieder in den Zimmern,
nah an die Tür gerückt der Tisch, die Stühle:
ein alter, oft erhellter Umzugswunsch.
In ihren Taschen stecken lose Blätter,
Anklagen, halbe Siege, die Notizen!

Sie sind gezeichnet, sträuben sich verworren,
sie kommen von den Außenposten her,
von trüben Zimmerfluchten der Hotels,
manchmal erregt, in öden Zonen lang
gewartet vor besetzten Telefonen.

Gelegentlich geschunden, sorgsam schweigend,
entgleiten sie dem Blick von einem,
der vorübergeht in dunkler Weste.
Sachte kippen Stühle in die Zukunft,
die sich öffnet, als die Türen knallen.

Reisen im Sinn

Neue Gedichte decken die alten zu,
alte Gedichte bleiben, sind deutlich da,
unter der Decke rundet die Form sich ab.

Diesem Gedicht nachsinnen, das vorauszieht.
Alt sind die Wörter und neue sind es auch.
Wer sich entfernt, gibt frei, von woher er kam.

Träume sind schwer und quälen die Töne auch,
höre ich doch. Die Fremde, kein Elend jetzt,
hellt den Ton auf, die Asche des Traums kühlt ab.

Hilft mir die Stimme? Aber was tönt in ihr?
Macht hat der Vers nicht, doch er gehört dazu.
Sprechen die Opfer, bleiben sie für mich da.

Eigen wird mir, fremd früher, das Eigene.
Der sich entfernt, verdeckt, wohin es ihn zieht.

Im Glück der Werbung

Die Sahnebecher sind versammelt
in den Kühltruhen. Wie ordentlich
sie beieinander stehn! Aus Plastik!
Die Früchtejoghurts bilden Reihen!

Wir tänzeln locker auf sie zu,
wir schweben die Regale lang,
sie hängen voll, die Sommermärkte,
der Urlaub ist die schönste Zeit

des Jahrs! Das loben wir; und gehn
in Tennisschuhen durch Musik.
Die Kassen rattern sanfter. Küsschen!
Sieh unsern dicken Jungen da,

er spielt mit einem Teich aus Glas.
Mir rutscht vom spitzen Kopf der Strohhut,
und in den Reisebüros, heißt
es, steigt die Flut der Angebote.

Der lange Sommer

Er flackert auf, Maschinen landen,
er flimmert um erhellte Wagen,
der lange Sommer in den Straßen.

Auf ihn hast du, hab ich gewartet,
nach diesen endlos kurzen Tagen
in der Kälte neuer Paragraphen.

Jetzt steht er hoch in Jubelrufen,
er wölbt sich über Hautcremetuben
und nackten, lang geahnten Gesten.

Die starr, ja schwarz verästelt standen:
Die Sonne ist zurückgekehrt,
vom Winter, Herbst zurück ins Blau.

Wir hofften alle, dass sie strahlt,
die Fronten alt, die Herren smart:
Nicht unbekannt noch unterlegen,

dem Sterben näher als Verlusten,
erzwingen sie den Ruhm von Taten
in ihrer Gier, in kühlen Pflichten.

Wir andern ziehen durch die Flammen,
sehr rasch und ohne uns zu kennen,
zum ausverkauften Stadion hin.

Saison für Krebse

In Schlick und Teer kriechen sie
und schrecken mich auf,
den Reisenden der Uferböschung.
Mit unzähligen Beinen, Spinnen der Meere,
rascheln sie durch das Wasser,
verschwinden unterm schaukelnden
Schatten der Wellen.

Treffe sie wieder, dann auf dem Markt,
in Kisten wimmelt der Schrecken.
Der Händler greift zu, er spaltet
diesen Krebs und diesen: Tod
mit vollem Geschmack, zersplitterte Probe
dem Gaumen. Die Hausfrau geht und liest
im feuchten Zeitungspapier.

So ein Gleichmut schmerzt, die Verse schaukeln
auf der Hebung und Senkung des Meers.
Das Wasser schlenkert an die Steine
der Uferböschung und versickert
in den Rinnen zum Marktplatz.
ενα οθζο! In der Zeitung
fehlt mein Gedicht. Es wollte sprechen.

Vor der Pension

Für Jannis Ritsos

Nachts trocknen die Straßen aus, jede Nacht.
Geröll sammelt sich im Rinnstein, Geröll,
das die Farben übrig ließen, der Mittagslärm,
die fettbeschlagenen Scheiben, die Autos, all die Autos …
Kein Wind geht, und doch, etwas strömt um die Häuser,
etwas, das kein Zeitungsblatt im Staub aufwirft,
das nicht stärker rauscht als das Blut in den Ohren.
Starkes Licht steht in der Taverne, und die Mauer
hindert es, auf die Tische vor der Tür zu fallen.
Wie lange ist es her, dass ein Gewehrabzug knackte
und mondgraue Trupps hier um die Ecke drängten, Athen?
Jede Nacht um elf kommen sie an diesen Tisch,
der mächtige Alte im Burnus, mit Fäusten
groß wie der Kopf des Kinds, das ihn mit sich zieht.
Ich sehe die beiden schmausen, immer für sich,
Hammel mit Bohnen und Brot und Wasser.
Und jede Nacht nach zwölf gehen sie davon,
zu welchem Lager hin, er, in Schuhen, ohne Strümpfe,
das Mädchen barfuß? Aus den Fingern
meiner rechten Hand zieht eine schmale Spur Blut
durchs Notizbuch. Ich halte den Atem an.
Weit weg entfernt sich das Rasseln des Panzers.

Delos, nach Twombly

Hier stiegen sie über den Karst,
        auf den verharschten Spuren ihrer Werke,
von allen Göttern die liebste,
            ihren Namen
hast du ins Holz der Schulbank geritzt –
    Asteria,
  die Linie der Insel im Dunst,
klar und kaum gekräuselt das Wasser
im ersten Licht:
        Opferduftreiche,
innig Umflehte,
        ungebunden Windumwehte!

In den Rahmen des Bilds geschwemmt,
        werden die Wörter eingesogen,
um von der anderen Seite der Leinwand
    wieder hervor zu trocknen,
        umwitterte Hymnen in Deckweiß,
    die Kreidegesten
auf Felsen,
    aus Ton,
        aus Erde oder Blut,
  in huldvoll verwischtem Öl.
Die Kritzelei, der Schriftzug
        bleiben,
  sie hierher zu leiten,
      arg zerstückt,
    die Geschichte von Leichen und Museen.
Ein Schritt am Ziel vorbei:
    Der erste Strich, den ersten Strich
zieht die Epoche nach.

Ein Gespenst

geht um in Europas Bibliotheken,
es spukt in den Regalen und Karteien,
den Katalogen und Mikrochips,
wie oft auch beschimpft, wie oft geschmäht:
von A bis Z entgeht ihm kein Wort,
obwohl es manches Wort verweigert,
so wählerisch ist es dann doch.
In den Buchladen tritt es ein,
erfragt den Stand der Kunstsprachen,
von der Bierbude tönt es her
und nimmt es nicht genau,
es hustet, grüßt, es hakt nach,
wo du auch hinkommst, es ist schon da,
es antwortet sich selbst, am Telefon,
in Nachwörtern, auf der Bank, im Bus,
es füllt die Trauerkarten, gratuliert,
es geistert durch das Haus, an dem
die Sprache baut, es west, zählt Küsse,
es lügt, befiehlt, es quält, singt,
verbreitet Witze, ist politisch,
es erstarrt zum Paragrafen,
den Begriff hält es bereit, die Grenze
grenzt es ein und übersteigt sie doch,
in Sprüngen, mit einem wuchtigen Satz,
großmäulig oder mit schwerer Zunge,
die Metasprache, Umgangssprache.

Sirenen

Wohin verschwinden, wie entkommen,
wenn die Fische auf dem Markt ersticken
mit zuckenden Kiemen?
Sirenen wehen aus der Ferne daher,
aus dem stillen Schmerz der Seitenstraßen.

Wie singe ich auf römisch mit,
das Lied des Barmanns aus dem Radio
zwischen Schildern für Drinks und entkorkten Flaschen?
Sirenen peitschen über die Piazza weg.

Sirenen heulen im Morgengrauen vorm Bahnhof,
vorbei an abgekühlten Taxis,
dort geht der Kartenreißer ohne neuen Job,
Sirenen verwehen zwischen den Gassen,
wo kommunistische Zeitungen
in den Schaukästen ohne Scheiben stecken.

Sirenen treiben aus dem verstaubten Vorort,
kaum sind die Männer zur Fabrik geströmt,
kaum ist die Tür zur Werkstatt aufgestoßen.

Sirenen in der Lebensmittelabteilung,
erfrorene Kalamari im Dunst der Tiefkühltruhe,
rot glänzen die Batzen Fleisch, und Tortellinitüten,
kalte Hühner, Campari, Tutti Frutti im Angebot.

Sirenen zwischen den Blättern der Comics
auf den Müllhalden, Fortsetzung folgt
in Fotoromanzen und Fickheften.

Sirenen durch die Fenster der Cafés
mit Tischen aus Marmor, mit Eierkuchen
und Drucken dunkler Gemälde an den Wänden,
verschiedene Schulen, alles irgendwie klassisch,
sogar der Kakao.

Sirenen über Anschlagtafeln,
auf denen die römischen Frauen erstarren,
um als Mütter geliebt und betrogen zu werden
von Senatoren in leichten Anzügen.

Sirenen über der schmalen Hand in der Badehose,
Sirenen über dem Hausboot auf dem Tiber,
schwankendes Restaurant mit Sellerie,
Sirenen schneiden durch den Schwefel der Abendluft.

Sirenen über schattigen Vorgärten hinter Gittern,
Sirenen längs der Fronten aus Glas,
Sirenen im Kontor und düster getäfelt das Holz.

Musikalische Elegie, klassischer Stil

Für Hans Georg Pflüger

All die Noten kommen zu dem, der wacht in den Nächten
    oder wenn Nebel steht, früh geöffnete Tür!
Reichen die Räume hinaus, so führt Gesang dich ins Freie,
    er verbindet Musik, lang getrennt, mit dem Wort.
Schön, zu ziehen durch die erdachten Klüfte des Liedes,
    wach und gewandt vom Kaffee, Hochlands duftendem Dampf,
oder bloß da zu sein, so müde vom Wein aus Italien,
    trunken summend im Haus, Licht auf den Wimpern, der Stirn.
Schweigend merke ich auf, in Arbeit selber versunken,
    voller Töne der Park, werktags, abends und sonst.

Nachmittag im weißen Bikini

Der Strand ist ein luftiger Ort,
an dem man nicht reden muss. Vergessen
sind die Querelen, der Autoschlüssel ist da,
die Illustrierte, das Heft
mit den Schecks. (Das sind »die Dinge«!)
Sie hat sich in den Liegestuhl gehängt,
die Beine sind leicht geöffnet,
sie fasst mit beiden Händen ans Haarband.

Ihr Bikini ist weiß und in diesem Weiß
geht sie spazieren, das Meer entlang,
sie ist die Figur, sie ist
ihr Körper und diese Saison,
am liebsten sieht sie sich
hinter schräg gestellten Jalousien,
Licht aus milden Streifen
in der Dämmerung einer heftigen Liebe.

Während die Beine wieder leicht
geöffnet sind, stellt sie
das Glas Campari auf der Lehne ab.
Der Wind ist in die Stadt gezogen, er lässt sie
mit einem Gefühl zurück
wie Zärtlichkeit für Siphons,
es könnte auch ein Anwalt sein, heute,
ein Vertreter gefährdeter Rechte.
Sie hebt einen Busen unter
dem Halter an, Sonnenöl, glatte Haut,
ein Atemzug im Jubel der Brandung.

Was sie denkt, wenn sie
auf ihre Schenkel schaut, den Sand abwesend
wegwischt, ist so von Hitze satt

wie der Stoff des Sonnenschirms,
der daneben in den Sand gesteckt ist,
einen Sommertag lang,
bis sie aufsteht, leise gähnt,
aus dem Gedicht hinausgeht
und draußen ist,
als die Tür der Umkleidekabine zufällt
mit einem Schnappen wie ein plötzliches

    Ende

Oktober

Von den Terrassen gewichen
sind die Rufe, das Gelächter,
die gebräunte Haut,
der Qualm über gebratenen Fischen,
die Buden sind am Ende.

Und Schlösser hängen
und Ketten um die Gitterstäbe.
Mittagslicht zwischen den Badehütten,
die Streife kurvt die Straße entlang
vor den geschlossenen Hotels,
wo das Strandfest angekündigt war,
kleben die Steckbriefe.

Aus den Zeitungsfetzen
am Rand der Piazza
glänzen die Feuer nach Bomben,
liegen die Toten verquer, Blut
aus dem Mund, Herbst, die Arbeitslosen
stehen an die Hauswand gelehnt, Studenten,
Pistolen unter den Jacken.

Nach London, Musiksturm 1

Rapsfelder, strawberry fields (forever):
»Sind Kühe fotogen?«
Danke, Schreibmaschine, für die Abstandstaste,
der Abstand ist nicht leer!
Durchstarten: das Motorrad
prescht in den unendlichen Raum,
den zwei Stereo-Boxen öffnen,
Rugbyfans in Bussen, zweifarbig
der Vereinsschal … dass es ein Synthesizer
ist, was zwitschert, o Frühling,
lass dein verdammtes Band flattern,
der Rekorder hat das Band verheddert!

»Max Speed« für Bauarbeiten oder:
Erkenne das Maß (auf Altgriechisch),
das der Mensch ist, nur, welcher Mensch,
hier, unterm flach gespannten Himmel?
Die Wolken sind Notenbäuche, mal weiß, mal ausgefüllt,
sie klingen auf im Wind.
Und ich stolperte, als ich hörte, zu LEBEN
kann nur heißen, auszuschwärmen
auf Kricketplätze, in die Fußballstadien,
ein Pulk von Fans stürmt durch das Königreich,
zwei Aspirin für diesen Kunden!

Wer will schon aus dem Kreislauf raus? Weite
Einkaufsstraßen blenden,
Wellblech, Schutzgitter vor den Fenstern, das Viertel
indisch (im East End), die Fußgängerzone
eine Dunkelzone, dort (in Coventry)
trugen sie den toten Inder weg, die Wette
gewann das Messer.
Nachts zählt das Mädchen die Überfälle

　　　　ins Tagebuch, es blättert (im TV),
　　das Papier scharrt, Wind zieht
　　　durch zerbrochene Scheiben, Klänge:
Reggae, Reggae, Maggie, Maggie!

Zerzauste Feder

In den milden Tagen des Herbstes
trudeln die Blätter herab,
und Nüsse kollern in den Graben
an der Straße, alles Gute kommt
herunter aus dem hohen Licht,
ein paar Regenwolken kommen
und werden strengstens untersucht,
noch einmal Ferien kommen,
und hie und da
eine zerzauste Feder kommt
von einem traurigen Vogel,
der sich hinaufschwang,
den Alpen entgegen,
wenn nicht von einem Engel,
der zuschlug mit dem Flammenschwert,
weil jeder Engel auch ein Rächer ist
und selbst dieser Job getan sein will.
Die Kartoffelfeuer qualmen,
die Regentropfen zischen,
o Vogelzug, o Donnerwort.

In der hellsten Nacht

Eine Straße hat kein Ende,
eine Grenze war ein Grab,
ein Stein ist ein Flügel,
in Trümmern die Fahnen aus Beton.

Die Erleuchtung blieb aus
in der hellsten Nacht,
eine Brille hat genügt, ein Zettel,
und ein Mann im Freizeitdress
lehnt ins Dunkel und lauscht.

Die paar hier gehen
durch die hellste Nacht
und werden dort weitergehen,
wo sie tags zuvor
erschossen worden sind.

Der eine Engel genügt,
der ohne Brief aus dem Himmel,
vor Schichtbeginn noch,
um die Ecke tritt,
den Hunderttausenden voraus,
ins blendende Viertel der Welt.

Mit Tusche

Kohlmeisen, Spechtmeisen, Blaumeisen,
Haubenmeisen, Zaunkönige:
kleine Muskeln über meinem Hut,
feines Flattern, in das sich
ein Gedanke kleidet. Der Tod des einen
ist schwerer als ein Berg,
der Tod des andern leichter
als eine Feder. Erst der Tod
gibt beiden das Gewicht
einer verkrüppelten Zeder
oder einer Kirschblüte.

Gruß nach China

Eine Handvoll Krähen,
über den Himmel verstreut,
das weiße Licht an Junitagen,
in das ein grauer Rauch hinaufsteigt:
Mir ist, als hörte ich Empörung noch,
der Jungen uralte Vogelempörung,
die sich krächzend und torkelnd entfernt.

Halbpension am Ortasee

Was wir so Zunge nennen, Signora,
bedeutet uns mehr
als das Dreiminutenei auf dem Tisch
und der Blick hinab auf den See,
die Insel, eingesenkt in die Stille
unter den geweihten Gipfeln.
Die Glocke, nah und zag, gemahnt uns
an den ungeheuren Raum,
in den wir noch eingehen werden im Liegen,
die praktische Glocke erinnert uns daran,
die Taste zu drücken,
wegen der Wetterprognosen, Signora,
auch wegen der Nachrichten,
aus Gewohnheit, nicht aus Wissensdurst,
obwohl wir Nachrichten literweise getrunken haben,
und schließlich, um recht zu behalten,
falls der Finger Gottes aus der Wolke taucht
und den See umrührt.

Noch sind wir von heiligen Bergen umgeben,
Nesselfieber, Schnepfenflug, und pünktlich
setzt der Gesang ein, den wir uns
von weitem gefallen lassen, Signora,
wie die Nachrichten, die Wolke
und den besonderen Programmhinweis an Pfingsten.
All das gibt uns zu reden
und das Babyzelt unten in der Bar
und die Hunde, die um das Hotel streunen,
die entlassene Dienerschaft,
der so früh gestorbene Chefkoch,
für seine Soßen fuhr man aus Mailand an.

Wir tragen wieder Hüte, nur wissen wir nicht,
sie zu ziehen mit der Grandezza der Großväter,
die hinter verfallenen Schränken
unserer zu harren scheinen.
Wir sind nicht ungeschickt, Signora,
wir öffnen das Fenster und nehmen die Socken
von der rasch gespannten Schnur,
wir stellen die Stative
in den düstersten Schmerzkapellen auf,
und wenn wir gegen die Holzbank stoßen,
schlägt es dumpf in jenen Raum hinaus,
aus dem die Glocke herüberschallt.
Das ist noch nicht alles, Signora.

Wir schauen den Frauen nach,
obwohl Frauen zu uns gehören,
die wir nicht aufhören zu begehren.
Als Eltern sind wir mittelmäßig,
aber wir sind uns dessen bewusst.
Ein Mann fährt vor, lombardisch elegant,
er trägt zwei Torten hier hindurch,
auf jedem Plateau ein Jesuskind aus Zuckerguss.
Das Bild einer einmal Geliebten
nähert sich auf dem staubigen Kiesweg,
eine Sequenz, die bis zum Tor anhält.
Der Finger Gottes ist jetzt eingerahmt,
dort drüben auf der Mauer,
und siehe da, drei Finger sind es,
gekonnt gespreizt zur Gebärde –
ihr sollen wir uns unterstellen?

Wir haben jetzt höhere Ansprüche,
auch was das Material angeht,
wir haben direkt ein Materialbewusstsein.
Das wollen wir nicht mit der Liebe
zum Kleinen verwechseln.

O Signora, diese Sommermorgen haben etwas Endloses –
und Verschwiegenes, ja, dieser Morgen
muss nicht einmal zu uns sprechen,
damit wir Sie in unsere Zuneigung einschließen
wie all die Heiligen auch auf den Höhen,
samt den erstarrten Sündern
aus den Tiefen des Volkes,
ihrer Patina hinter kunstlosem Gemäuer,
ihren gebrannten Erdgebärden,
mit der uns die Enthusiasten aus der Umgebung
einmal alles sagen wollten.
Nun, wir haben verstanden.
Der Herr stirbt an vielen Kiosken,
er kann gar nicht aufhören zu sterben,
die Arme ausgebreitet über uns
und unseren Leidensstatistiken,
dicken Fotobänden, für die man einiges hinblättert.

Aber wenn wir uns vom Tisch erheben
und die Lippen öffnen zum Gruß, Signora,
dann möchten wir doch, dass unsere Stimme nachhallt
wie irgendwo zwischen den Tälern,
statt in den Verließen der Klosterinsel,
und dass uns diese ganze Geschichte
einfach einen Tag lang trägt.

Ein Amtsschreiber erwacht

Ich öffne die Hand,
und die Fliege darin lebt noch.
Vergebens habe ich
auf einen Gruß von dir gewartet.
Jetzt heißt es, das Bett zurechtzumachen
und die alten Briefe wegzustecken.
Die Cafés erwärmen jeden Morgen ihr Versprechen
auf ein unverhofftes Treffen.
Der Mittag wird mich daran erinnern,
dass es ausgeblieben ist.
Heute wäre ich schon mit weniger zufrieden,
wenn es nur schmeckt,
ein Tagesteller ist schließlich zu verbessern.
Als gestern Nacht der Krimi zu Ende ging,
blieb die Welt für einen Augenblick stehen.
Freilich war das auch schon alles.

Neben der Tür zum Sitzungszimmer
wartet mein alter Regenmantel auf mich.
Er hat mich niemals hängen lassen.
Was die Namen angeht, bin ich vergesslich.
Über die Eingaben lächle ich.
Das ist meine Rache an den Machern.

Und nun, vorwärts, in den Tag!
Gleich wühle ich mich hinein
mit dem Propellerwirbel meiner Ellbogen.
Hat man die Kurve raus, geht es ganz leicht.
Du grüßt mich also nicht.
Im Grunde genommen hast du mich nie gegrüßt.
Aber weiter.

Ich richte mich auf,
und die Fliege fliegt weg.
Ich widme ein neues Kalenderblatt
meiner Komplizenschaft mit dem Pförtner.
Er weiß alles von dir.
Nein, alles weiß er von dir.
Nenne mich dein tragisches Ereignis,
während du Mühe hast, fahrig wie du bist,
die Zigarette auszudrücken.

Ob's dir passt oder nicht:
Du hast mich geliebt.

Schnitte

Die Brombeerhecken dunkeln ein,
die Schlote der Verbrennungsöfen qualmen.
Öde nenne ich die Sterne über öden Fußballplätzen
und habe vermutlich recht damit.
Wir drehen in die Nacht hinaus, denk es, o Seele,
du bist wach, wie ich, du denkst es.
Und du wirst fleißig sein, dort draußen,
auf dir den morschen Schatten des Erdballs,
der nicht schwerer wiegt
als der Schatten hier auf meinem Kissen.
Schlaf ist Opium für die Seher!
Wir treffen uns im Inneren des Dschungels,
den meine Schädeldecke überwölbt:
Wieder bin ich der Himmel in der großen Faust
unserer funkelnden Verlassenheit.
Im Zwielicht treten wir hinaus ans Meer.
Aus den Spiegeln in der Neonbar
betrachten uns Ertrunkene: Gesichter blau,
die Fischer blau, Nachtvögel blau,
um die ich weinte, weint hier keiner.
In Leipzig finden wir uns vor dem Kino ein,
ohne Rücksicht darauf, was in Leipzig so
gerade läuft. Und in China tragen wir
ein Kind auf meinen Schultern,
das von Chinas Wundern plappert,
von Feuerwerk, Teerosen, roten Drachen.
Wir verstehen jedes Wort.
Tote Fische schwimmen mit dem Strom.
Zerschossene Panzer stehen im Wasser.
Die Vorstellung schließt mit dem Nachspann,
aus dem schier endlos viele Namen getilgt sind.
Mit einem Schrei fährt meine Tochter hoch
aus ihrem Dschungel: Dämonen in Kinderkleidern

modisch rostrot, stieben auseinander.
Dämmerlicht sickert in die Büschel Gras,
die Schlote qualmen. Du Seele, ich Jane.
Die Welt dreht bei. Wir steigen aus.

Die Astronauten

Wenn ich dieses Blatt wegwerfe,
werfe ich nicht das Gedicht weg,
dein Kopf wird zum Haupt,
falls du dich verneigst vor ihm,
auch ein Grabstein sagt mir weniger
als die Spuren täglicher Wege,
die einer meiner Sänger ging.

Zweimal im Leben kommst du
an dem Laden vorbei,
wo im Fenster die Gitarre weint,
die du wieder nicht kaufst.
Beim dritten Mal ist der Laden weg.

Erstaunlich, was sich alles verändert hat.
Ich wachse mit der Schallplatte auf
und kaum bin ich aufgewachsen,
rollt sie davon ins Museum.
Jetzt darfst du mir
auf meine blauen Wildlederschuhe treten,
wenn du aus der Schlange
vor der Kasse tänzelst.

Eines Abends schlug ich die Augen auf
und sah Männer auf dem Mond
in silbernen Taucheranzügen
mit einem Spickzettel im Ohr,
der die Botschaft an die freie Welt enthielt,
die Botschaft hieß: Wird gemacht.

Nur was geschrieben ist, besteht,
nur was geschrieben ist, vergeht.

Auch die Astronauten steigen hinauf
in etwas so Unwohnliches wie die Ewigkeit,
weil sie zurückkehren wollen
in den Interview-Raum.
Im Dunkeln strömt das Mondgestein vorbei.
Still atmend höre ich nichts
als das Knarren meines Gürtels.

Streifzug in die Nacht

Was fehlt, ist das Papier,
das ich mit mir nehme,
um die Kämpfe durchzupausen
und später daran weiterzuzeichnen
am Geflacker der Leuchtgarben,
die über mich hinwegzucken,
während ich mich in die Kissen ducke
und die Zugansage über die Geleise hallt.
Ein Brief liegt am Fußende des Bettes,
vier Seiten, scheint's, mit Bleistift abgefasst,
ich kann sie jetzt nicht kopieren,
ich mit meinem klaren Gefühl,
ein Zeitgenosse zu sein und nicht zu altern
mit der verschollenen Vorhut draußen.
Nur Geduld, und du findest noch Blätter
des jung erledigten Bräutigams,
der keine Waffen zurückließ,
aus Zorn nämlich über das Ende des Aufstands
und über unsere Sucht, genau zu sein
wie irgendeine Fahrplankommission.
Aber wir bringen die Geduld nicht auf,
wir machen uns auf, und schließlich
war ich nicht seine Braut.
An das Halbdunkel gewöhne ich mich nie,
freilich nützt es nichts zu protestieren.
Ein ruhmloser Tourist, wenn nicht
ein Spion, erkundet die Bordinstrumente,
die hier aus Stein gehauen sind
wie die Armbanduhren jenes Clans,
der auf höchsten Beschluss
noch einmal alles nach vorne wirft.

Im Innenhof tanzen uns dann
zerstreute Gäste entgegen,
Schaum auf den Wellen dieser Jahre,
hast du den Film gesehen?
Die Dame von der Organisation
auf einem Niveau, das mit Fleisch
nichts mehr zu tun hat,
sticht mir die Orden ihrer Nachbarin ans Hemd.
Alles unecht: Orden, Nachbarin
und ich als Kriegerwitwer.
Die Offiziere kehren ohne Gläser
von der Terrasse zurück,
die Haltung gelockert, doch ernsthaft
genug für ihre Ausgehuniform,
das gleiche Bild
wie bei den Stewardessen,
die in neuntausend Meter Höhe
die Reihen überblicken:
Alles, was sie machen, ist beachtenswert
wie alles, was sie unterlassen,
aber was sie reden, ist es nicht.
Nur reden sie in meiner Sprache,
ihrem blutigen Wortschatz
für die Schrecken in diesem Jahrhundert,
von dem ich sagen muss, es war
das schrecklichste bisher,
es war gemeinste Übersteigung.
Und trotzdem bin ich nie
zu einem überfüllten Zug gestürmt,
mein Bündel Kleider vor der Brust,
trotzdem war ich nie
in die Menge eingezwängt,
umringt von einer aufgeputschten Soldateska.

Ich habe nicht genügend Kraft, um zu glauben.
aber etwas in mir glaubt,

dass das Gute überlebt,
während die Besten sterben müssen,
und dass ein jeder Tod brutal ist
wie kein anderer.

Letzte Bilderschau

Als jemand, wenn nicht etwas,
den Ton anstellt,
nehmen die Farben zu.
Die Nacht schält sich aus dem Blau,
vor dem der Vollmond
silbern zersplittert,
und wir sehen, was wir ahnten:
Dass auch dies hier
seine Schönheit hat.
Wir hören das Gegrummel von fern,
in der Ferne sackt
ein Hochhaus zusammen,
dann ein zweites, drittes.
Da habt ihr das Gesetz.
Meine Liebsten sind nicht hier,
und mit ihm da neben mir
steht noch eine Rechnung offen.
Das ist jetzt vorbei, gemessen
an dem, was auf uns zukommt.
Das nächste Hochhaus sinkt ein,
dann, rasch, das übernächste.
Kein Zweifel, die Welle
wird uns bald erreichen.
Aber ich kann meinen Platz verlassen
und hinuntergehen.
An der Kasse gibt man noch immer
Eintrittskarten aus,
nur die Preise stimmen nicht mehr,
die Preise halten nie bis zuletzt.
Oben, im Chefzimmer,
die gewohnt gekonnte Ruhe.
Etwas in mir wehrt sich dagegen,
die Chefin raffiniert zu finden

(eher kühl, aber so
doch wieder schön).
Ich lege ihr meine Notiz vor,
für die sich eine Ablage findet,
mehr scheint eine Notiz
nie wert gewesen zu sein
(was ist mit den Computern?).
Dann gehe ich, wie immer,
etwas lässig, aber diesmal
unwiderruflich. Das Licht
im Gang verblüfft,
sanftes Braun herrscht vor.
Nur folgerichtig,
dass kein Engel auftaucht.
Ich bin gar nicht so feige
oder in Schrecken, wie ich dachte,
obwohl es keinen Grund gibt,
schon jetzt zu sterben,
ich bin nur gespannt.
Die letzte Erfahrung ist ja
nicht nichts. Oder doch?
Und meinen Liebsten widerfährt
das Gleiche wie mir. Oder dasselbe?
Jetzt heißt es abwarten.
Wenn nicht aufwachen.
Es liegt ganz in meiner Hand.

Erstes Semester

Die langen Hüften, die flatternden Stimmen
im Freibad: Alles ist jünger
als all die Jugendämter der Stadt!
Fenster stehen offen, dunkle Schlunde,
von Nahem aber: Atemzüge,
in denen ich nie schlafen werde.

Wohnungen sind Labyrinthe,
Betten sind Flöße für Arglose
und Meistbegehrte, die heimlich Verhassten!
Labyrinthe sind Examen für Herumtreiber,
vorbei am Aushang der Spätvorstellung,
der alte Brunnen rinnt, die neuen Bars leuchten.

Eine Tüte Saft, soeben aufgerissen,
die nackte Linie einer Hüfte
dehnt sich in den Himmel einer Hand,
Regenbogen der Gitarre an der Wand:
Ich erwache in Begleitumständen,
im Kopf Konfettitreiben.

Schon der Bach ist zu breit,
mir durch die Finger zu rieseln.
Wer ihn rauschen hört,
unter den Platten aus Stein, lügt.
Um seiner Jugend willen.
Um sich dem Stier zu stellen.

Mein Freund ist ertrunken

Wenn es mir möglich wäre zu altern,
ich fände sie entsetzlich, diese Philosophen,
die Nacht für Nacht die Straßen bevölkern,
ohne zu staunen, dass sie unterwegs sind, noch immer.
Mehrmals rief ich den Gott an, den Moloch,
den Gott des Krieges und der Städte
(es ist derselbe, ich wusste das vor den meisten).
Er soll dann gekommen sein, stimmt,
ich streune umher und finde das Lokal nicht,
ich trug einen Kopfschmuck aus Messern dort,
so, und dann sollte die Welt was erleben!
Die Karren fuhren schon nicht mehr zum Schafott.
Unter dem Pflaster erstickten die Schreie,
Gas trieb in die Räume, Keller und Gräben,
und niemand ist jetzt da, mit dem sich reden lässt,
niemand sagt mir, warum es nur ernüchternd war,
davonzukommen. Weil man wieder aufbauen muss?
Bretterwände und Brandmauern sind meine Zeugen.
Ich schaue an ihnen hinauf, und immer, immer
hängt dieser milchige Schein dort oben,
das marmorne Schimmern, dies eisige Weiß.
Einmal wusste ich, was das bedeutet, jiii, die Gläser
waren zu klein, ich trank aus Waschkannen,
trank und wurde gewaschen: Wer hat je geahnt,
dass er lieber sterben würde, als nicht helfen.

Einem Sieger von unten

Atlantisches Gewässer durchfahren,
das unbewohnte, auf dritter Klasse der Manhattan,
Kind, das Baumwolle, die Blüten Alabamas, pflückte,
weniger als sieben Jahre,
aus kaum besetztem Afrika hergetrieben –
Jesse hört mich nicht loben,
der so viele Preise gewonnen hat,
goldene Medaillen,
die begehrten, der bescheidene
Läufer. Die Diktatoren,
wie immer bewacht vor den Mutigsten,
beherrschen die Länder,
Mitte Europas; eine Idee
ist dieser, der rannte dem Himmel
entgegen, dem lockersten Lauf hingegeben,
war auch ein Freund, gut wie ein Gewinner,
den Unerschöpften, den Redlichen, schwarzer Bote
des olympischen Sieges.

Leichter im Lauf sind sie zu verwinden,
die Mühen, nah der Gipfel der Leistungen, und federnd
springt er von einem zum nächsten, in sich gewandt, holte,
wenig mehr als zwanzigjährig
und ohne Technik im Laufen und Weitsprung, Siege;
Owens hört mich nicht loben,
lief gegen Erkenntnis, Kalkül des Laufs,
der eine von unten,
dessen Brüder noch gelyncht worden sind,
es lief, der öfter als er
wollte, siegte, vom Perlen des Ruhms
sich nicht berauschen ließ,
der frei sich verausgabt hat, ohne
Qualen, aus Spiel sprang und rannte,

ein Tänzer mit pulsierenden Adern, ein Fest
der Muskeln, er, aus dem Volk selbst und nicht
darüber, Idee des Offenen, willfährig nie
den Ordnern fremder Herrschaft.

Schwarzer Kaffee

Um auszusteigen. Um hier zu stehen.
Um mit leichtem Löffel
die kommenden Wochen aufzurühren.
Ein Rucksack schaukelt vorüber,
offen steht das Zelt im Frühlicht,
und da sind sie schon, sie selbst,
nackt und verschlafen am Wasser,
die schönen Suchenden,
den Schimmer zu sehen der hellen Strände
und loszulassen, loszugehen.

In den wunderlichen Momenten des Auslands
schwinden Gesichter, sind andere Personen
irgendwo auf dem Kunstmarkt von Düsseldorf,
in der Hütte am kaum besuchten Ufer,
auf dem Wochenplan einer schwäbischen Klinik.

Die Insel draußen wäre etwas Hübsches
für ein blaues Aquarell.
Wenn der Afrikaner vorbei ist,
beugen sie sich über den Lenker
und drehen das Standgas auf.
Die Eckensteher an der Piazza
rotten sich noch in der Nacht zusammen.
Und die trauten deutschen Schlächter,
wieder schweben ihnen
die verbrannten Kontinente vor,
überzogen von Schatten von Helden wie Toten.

Gegen ein paar Wellen besteht jeder,
aber wenn sie tagelang rollen,
werden sie Vernichtung, methodisch und ungerührt.
Das eine ist Schicksal, schon besungen,
Verzagtheit das andere, einmal entschuldigt.

Frau

Manch eine sah ich auch, manch eine
zeigte mir, dass sich das Schöne
nicht besitzen lässt, selbst wenn es
einem in die Arme gleitet, dass aber
manchen die Umarmung glückt, und ihnen,
diesen, folgt die Schöne dann!
Im engsten Augenblick bist du
weit weg, ich schaue in die Ferne
deiner Augen, schon verdunkelt sich
die Aussicht auf mein Glück, und doch
kehrst du zu mir zurück, kein Schönes,
das nicht überrascht!
Die Sommermorgen auf der Straße,
Abende am Wasser, das Zwiegespräch
der Kinder unterm Mond am Fenster,
dein Atem mir am Ohr, vor uns
das Lichterfunkeln der Gedächtnisse,
die wir durchwandern, um nah,
ganz nah beim andern, zu erwachen.

Geschenk der Zeit

Von welcher Geschichte zeugt
die Morgensonne im April?
Die Dächer schwimmen zwischen den Türmen,
die Vögel auf den Dächern singen
die *evergreens* aus dem Paradies,
die letzten, sage ich mir
und treibe weiter im Schlauchboot
auf dieser schwarzen Brühe,
als deine Stoppuhr mich in den Tag reißt
mit ihrer *Zusatzfunktion*.
Zertritt sie, meinetwegen, auf deinem Weg
zur Schule, die dein Leben ist!

Wie viele Biografien beginnen so.
Und die Lebenden werden täglich mehr.
Die Fahne Rauch dort drüben
zeugt von anderen, die wie ich
die tägliche Asche blasen
von der Schädelstätte der Welt.
Ist es möglich, einen Morgen lang
zu schreiben, ohne durchzuatmen?
Während ich nach dem Jahrzehnt
zu fassen suche, zeigst du im Pausenhof,
wie man die Zeit anhält, die Zeit,
die forttickt unter meinem Daumen.

Am Hang

Regen auf dem Teer,
auf den jemand
mit weißem Pinsel
VORSICHT KINDER
geschrieben hat,
ist ein anderer Glanz
als der Regen,
der eine Nacht lang
das Gras am Hang getränkt hat
und vom Magnolienbaum
die älteren Blätter hieb,
die auf dem nassen Kies
langsam verfaulen.

Du lädst mir
die Sandalen auf,
und während du
auf meinen Schultern
zu pfeifen übst,
tropft das Schokoladeneis
mir ins Haar, leuchtet
mein Sommerhemd im Schlamm,
in dem es mein Traum
zurückließ, steigt
mitten auf dem Weg
das Bild vor mir auf
meines früh zerrütteten Werks.

Wie konnte ich dir
keinen Ausweg zeigen
aus deinem Mitleid
mit den zuckenden Fischen
im Plastiksack am Kai,

als die Macht der Sitten
und des guten Benehmens
uns dabeistehen hieß,
während dies zähe Leben
noch immer nicht tot war
und unsere Beharrlichkeit
ihm und uns zu nichts
verholfen hat.

Und längst hast du
den Tag vergessen,
an dem wir mit der Fähre
zwischen die Berge fuhren,
nebelverhangen schon,
weil der Herbst am See
noch im August beginnt,
nachdem wir sein römisches Ufer
ließen, um den Rest
des Tages durchzutanzen,
oben im Wind auf dem Deck,
zwischen leeren Stuhlreihen
und nassen Netzen.

Die Stille, die Tür

Ich kannte ihr Leben später,
klein an Ereignissen,
jahrelang war ein Gruß genug
unter der offenen Tür.
Letzte Fragen tat sie ab,
was mir nie weise schien,
nur konnte ich ihr nie
eine letzte Antwort geben.

Wenn da ein Wunsch war
vor dem Eintritt in die Ewigkeit,
dann der, eines Morgens aufzuwachen,
sagte sie, und tot zu sein,
die Hände steif und kalt
auf der Decke ihres Bettes,
das Gesicht zur Tür gewandt:
So lag sie dann da.

Als ich für immer die Wohnung verließ,
aus der ich jeden Morgen
los zur Schule bin, hing die Kette,
mit der Eisensäge durchgesägt,
am Schlüsselbrett vom Tegernsee:
Hier habe ich an dich gedacht
und dir dies Bildlein mitgebracht.

Auf stille Art gesellig,
war es ihr genug, dabei zu sein,
und hat sie andere gefunden,
denen sie so genug war.
In ihrem Chor sang sie Alt,
im halb vergessenen Krieg
sortierte sie Pakete,

in der Trauerhalle waren alle
zum ersten Mal nur ihretwegen da.

Am Sonntag war ihr langweilig,
was das falsche Wort ist,
aber wenn sie von der Stille sprach
in der Straße und hinten im Hof,
der zähen, windlosen Stille,
sah ich das Mädchen vor mir,
das sie einst gewesen war.

Immer kam sie um eine Stunde zu früh
an den Bahnhof: Schönes Warten
in der durchwogten Halle,
während ich ihr entgegenfuhr.

Und wenn der Zug abfuhr,
drei, vier Tage später,
erschien vor dem getönten Glas
ihr ganzes Lächeln auf einmal.

So wollte ich den Grabstein suchen:
im Staub des Sommers
und der offenen Werkstatt,
im blendenden Weiß der Steine
die Jacke über der Schulter:
So stand ich unter der Tür
am ersten heißen Tag im April.

Unsere Gräber werden
weit auseinanderliegen.

Kleine Schaufel

Krähen stöbern im Lorbeer
und in den Haufen welker Blumen
in den Kästen, wo die Wege kreuzen.
So verlässlich sind Sinnbilder.
Jahrzehnte war ich nicht hier.

Ein paar Hecken weiter
stehen schwarz Gekleidete beisammen,
ungelehrt in Trauer, doch nicht unbeholfen,
sie sind nur zu früh da.

Jetzt sind wir dran! an den Formalitäten,
ein wenig gehören wir zusammen,
auch wenn ich weitergehe,
ganz nach hinten, wo die Toten
dieses Jahr das freie Feld erschließen
und wo der Totengräber wartet,
im schwarzen Netz die Urne und gelangweilt,
weil er mich nicht kommen sieht.

Ich wollte es selber tun,
der Boden war noch nicht gefroren,
so ein Loch ist schnell zu.
Den Namen, in Stein gehauen,
kann man vier Jahre lang lesen,
dann ist auch das vorbei.
Sonst muss es Bronze sein
oder Eisen, was die Namen
noch eine kleine Ewigkeit
hinaus hält in den Tag.

Für ihn, der alle Freunde überlebt hat
und vergessen alle Feinde,
war sonst niemand da,
außer, wie gesagt, paar Krähen,
die immer da sind.
So verlässlich sind Sinnbilder.

Und so hatte ich es mir erhofft,
ich allein vor dem zugeschaufelten Loch,
während der Totengräber fortradelt,
auf seinem alten Tourenrad
durch das Laub der Kastanien.

Leichte Kavallerie

Hinter seinem Stirnbein toben
die Schlachten, denen es entkam.

Mit einer Handvoll Gräsern
lockst du es weg vom Gras.

Legst du ihm die Hand auf
zwischen seinen Augen,

fühlst du die Schädelstätte,
auf die es blickt.

Arbeit mit Papier

Aus jedem Gedicht kannst du
eine Schwalbe machen.

Du musst es aber richtig falten.

Aus jedem Gedicht, hörst du,
auch aus dem missglückten.

Nun denke dir den Himmel dazu.

Strich mit langem i

Von manchen kleben nur noch Stacheln
am verschmierten Rand der Teerpiste.

Von andern leuchtet hell ein Rot
aus dem verkrusteten Balg.

Hier, die schwarze Spur:
Das Radiergummi war schmutzig?

Das Amt verbucht die Straßengebühren,
in die sich Fahrer und Igel teilen.

Ach, schrieben wir sie Eagle!
Ein Konjunktiv entflöge dem Etat.

Epidemisch

Ein Floh, gemalt, wurde zum Drachen,
der spie die Pest aus wie Feuer.
Ein Virus, stark vergrößert, wird ein Monster.

Selbst wenn Gottes Wege unerfindlich sind –
Was ich verlangen kann: sichere Autobahnen,
Geheimtipps statt Geheimnisse,
Ohnmachten, aus denen ich stehend erwache,
Kugelschreiber, die nicht schmieren,
und etwas mehr Sekretbildung.

Die Engel fallen wie die Würfel.
Das Los entscheidet nicht, es trifft.

Draußen vor dem Dorf

Nie komme ich so nah an diesen Tag heran
wie dieser Reiher dort im Wiesentau.
Er weiß es nicht, dass ich es bin,

den von weitem er ins Auge fasst,
während ich ihm seinen Namen gebe.

Die Kunst zu segnen ohne Weihrauchfass.

Ins Winterbild

tritt das Reh hinein
aus dem Wald dort drüben am Hang,

ein stillerer Abschnitt
dieses Jahrhunderts,

wenn im ersten Schnee,
fast aus sich selbst heraus,

die Zärtlichkeit der Tannen schimmert

und ich am Fenster lausche
der summenden Frau hinter mir,

ehe die Kinder lachend und kreischend
den Schlitten lenken über die Spur:

Sie wollen immer wieder alles,
alles besser machen als wir.

Aus nächster Nähe

Den Regenwurm trennt ein Stich
mit dem Spaten von sich selbst:

Da haben wir sie wieder,
die Gleichung mit zwei alten Bekannten.

Die Hüfte des Regenwurms lässt ihn
durch jedes Edikt zur Schönheit hindurch,

korallenroter Bruder im Fleisch
des blinden Totengräbers mit den zwei Schaufeln.

Das Gedicht ist kein Traum,
es ist die Antwort auf den Traum

und auf die Schwere der fetten Erde,
auf den feinen Sand im Stundenglas.

Ein Beitrag zur Futurologie

Die Schildkröten mitten auf dem Platz
mit ihren hochgereckten Mäulern,

aus denen die Fontänen schießen
in das Becken aus Gusseisen,

1888 erstellt, von Limousinen
umkreist und wuchtigen Lastern:

An diesen Schildkröten werden wir
noch lange haben. Zum einen werden

Schildkröten wahrhaft alt,
zum andern haben wir *Caramba*

für Korrosionsschutz und Metallpflege.

Bei Thun

Der Brahmsbaum, eine spärliche Weide.
Drüben Kleists Insel,
vom Laubwerk verhängt,
eingenebelt gar vom Grün.
Auf dem Uferstein verrenkte Kleider.
Vom Schwimmer nichts.
Der Himmel richtet lichte Flecken
auf den eisernen See.
Die Möwen schreien nach Weißbrot.

Goals

Wind bläht die Maschen und dreht
die Sonnenblume von der Sonne weg.
Die Winden zieren den Maschendraht.
Wer nur hat die Netze hochgebunden?
Der Platzwart hat doch Rimini gebucht!

Rund um Mitternacht

1
Als er sich an den Flügel setzt,
setzt sich das ganze Publikum,
erlöst nach seinem weiten Weg
vom Vorhang bis zum Hocker
durch den ersten Takt in Monk.

2
Im Spiel besteht der Schwierige
auf seinem Spiel.
Ihn hörend, denke ich Einfacher bald:
Nur so.

3
Er greift sich die Töne
und zieht sie zu sich her,
am heftigsten die ungezogenen –
um ihnen übers Haar zu streichen.

4
Wie liebt er die mittleren Tempi
und zuletzt das Dämmerlicht mit Nelli.

Schneckenpost

Wie zerbrechlich
dein Dasein
im eigenen Haus

Gebackenes

Eine Platte!, kreischt sie, schnell!
Irgendeine! Und hievt den Hanfkuchen
auf meine »Abbey Road«, englische Pressung!

Kaum haben wir vom Kuchen gegessen
und fühlen uns bereit,
lege ich die Platte wieder auf.

Damals sind meine Boxen so billig,
dass sie alle Unterschiede
uns glatt vergessen lassen.

Eine Saison später dringen dann
die audiophilen Kenner ein.
Die Köchin ist weg, ihr Kuchen sowieso,

doch von der »Abbey Road«,
da habe ich die Aufnahme auf Kassette,
Nakamichi Dragon, ihr Penner!

Früh dunkel

Im Abendnebel sehe ich von fern und
grün verschwommen eine Schrift: *Biergarten*.
Und wie ich nah und näher bin gekommen
auf der verzagten Suche nach Geselligkeit,
lese ich, scharf aufgenommen: *Briefmarken*.

Fernstraße

Wie sie geschickt um sie herumkurven,
die Autofahrer, um diese Reste
von Pelz und Fleisch der toten Igel.

Nun denn, sie geben schließlich
etliche auch der Ihren hin,
so 42 im Loiret 2002, Autofahrer.

Soll ich den ersten Stein aufheben?
Beklagen sich vielleicht die Toten?
Ich war nie gut im Werfen!

Fragt meine Lehrer, die sagen es:
Am Anfang war das Wort.
Und später kam Henry Ford.

Igel, Igel, habt ihr keine Flügel?
Wäre ich im Singen doch besser!

Deodorant

Unruhig noch, ob Unfall oder Brandanschlag,
fanden in den Resten der Fabrik
wir einen toten Arbeiter, vermutlich Afrika,
unter seinem Overall mit allem angetan,
was er an Unterwäsche hatte.

Ähnlich ausgerüstet, wie wir wissen,
sind viele dieser Attentäter,
von deren Leichen wir noch Reste finden,
auch nach ihrem Aufbruch noch
in den Himmel voll von jungen Frauen.

Die Frau des Toten, Witwe jetzt,
beschwichtigt uns: Sein Leben lang,
sagt sie, hat sich ihr Mann
geschämt für seine Magerkeit –
beschwichtigt uns, beschwichtigt!

Wo wir an heißen Tagen noch so gern
auf unser Unterhemd verzichten.

Fanfare des Tages

1

Mit zunehmendem Alter,
gelegentlich sechzig,
kürzen wir die Wege ab.

Horaz oder Li-Tai-Bo?
Brecht wollen wir sein lassen,
wie die Pflaumen von Williams,

die nun gegessen sind,
die so gemundet hatten.

2

Der Weg nach oben ist derselbe
wie der Weg nach unten,
lesen wir bei Heraklit.

Kommt ein Freund von weit her,
ist das nicht auch ein Vergnügen?
ruft es aus dem Reich der Mitte.

Gleitbahn

Sie sagt mir Mai, ich denke Liebe,
später dazu mehr, nun endlich los,
sie liebt die Blüte und ich blühe auf.
Die Gartentische stehen wieder draußen,
die Frauen treten jambisch leicht ins Freie.
Wie schön ist sie geblieben
hinter ihrem winterlang erhellten Fenster!
Ich schickte ein Gedicht in den September,
und jetzt kommt es zurück,
es fühlt sich an wie gern gelesen.
Ich aber las: »Das ganze Jahr war Monat Mai«
und las: Das hat sich gut verkauft.
Ein Yogi rollt die Weisheit aus
in seinem Frühjahrskurs:
»Leben lernen heißt vergeben lernen« –
wenn nicht vergebens lernen.
Nun bin ich mittendrin in der Gesellschaft,
in der jeder mehr erreichen will als jeder,
selbst mit Kleinmut, wenn es sein muss, aber zäh.
Ich schrieb kein Preislied drauf,
ich wollte nie gepriesen sein
für meinen Atemzug auf dem Papier.
Doch jetzt ist später und nun dazu mehr:
Selbst mit dem Trost der Bäume,
wer möchte leben ohne sie?
Sie selbst zuletzt, sie selbst verliebt sich
in die Blüten ihres Apfelbaums,
sie liebt zu duschen, wenn das Fenster offen steht,
den Fliederstrauch am Hang,
die Vase, die sich bunte Köpfe gibt
und schon bevor die Kosmeen blühen, rosa und in weiß,
um ihr zu zeigen, welche Töne
durch den Sommer ziehen.

Sobald ich Kosmos sage, denke ich an Juli oder später.
Ich denke daran, dass die Liebe kein Prinzip ist.
Ich denke an die Stängel, denke »grün«,
die Sterne, denke »Sternenmoos«,
ich sehe es, ich sehe sie, und zwar vor mir.
Wenn ich eins nicht möchte, ist es dies:
Wie ein Blütenblatt vom Ast gehauen werden
und im Regendunst verschwinden.
Anders ist es, voller Schwung
sich eine lange Jugend lang im Aufwind halten,
der Pilotenanzug fliederfarben, also weiß,
in meinem Kosmos aus vier Jahreszeiten
und dunklerer Materie.

Zungen des Sommers

Das Bild lehnt mit dem Rücken an den See.
Die Musik hier klingt nach Frisco Bay.
Und nun weiß keiner mehr,
was schwer war an der Malerei.
Ein paar Minuten schauen, dann verblasst das Auge.
Um groß zu sein, bedarf es mancher Schliche,
um frei zu sein noch einer Anstrengung dazu.

Bei Nacht ragt eine Flasche
aus der schwarzen Seide, die der See ist:
Der Korken schießt, der Frizzantino sprüht
die Sterne an das Firmament.
Da ist er wieder, dieser Augenblick,
in dem ich glaube, uns verdient zu haben.

Wie fühlt sich dein Erwachen an?
Konkret und zauberhaft wie deine Arme,
wenn du sie um mich schlingst.
Das Laubwerk glänzt, Gestade glänzt,
die Verse, noch gesungen, mahnen.
Bleibt geheimnisvoll, auch vor einander.

O Gelb! Zinnober, Ocker deines Rückens!
Ich sage Sommer und ich meine dich,
die Augen schmal wie Schlitze,
durch die ich heiße Farben sehe
und Boote, Segel, Bojen, Wolkenspiele,
das Weidensilber, wellenleicht.
O grün, grün, grünes Glas des Sees.

Bunte Kreide

Und jeder Sommertag sei uns der längste Tag,
nach Drinks gemessen, rund wie eine Aprikose,

die in die Form wächst eines Aprikosenbaums,
gekreuzigt in der Mittagshitze vor der Mauer,

vom Tisch genommen aus der Fruchtfleischschale:
im Mund behalten wie den Leib des Herrn,

getränkt vom Licht im Juli, rot, orange und gelb,
die Frömmsten schimmelgrau, darüber Himmelblau.

Im Herbst blättern

Vorbei die Tage dort am See, der jeden Morgen
mehr von seinen Kieseln freigibt,
und auf ihnen spiegeln sich
die Materien des Alls im reinsten Ineinander.

Der September ist der Wille,
am Feuerrad des Sommers dranzubleiben,
indes das Heu im Plastikballen
seinen Duft behält, nur um dem Vieh
die schönen Tage zu verlängern.
Ein Schauer klatscht das letzte Rosa
auf die Teerdecke
und schwemmt den Umriss weg aus Kreide
eines Liegenden in Not.

Es ist einmal ein Mensch,
das keine Schlampe ist.
Und zu lieben ist das Glück,
sein Glück verdient zu haben.

Im Oktober schaukeln die Blätter herab,
der November treibt sie
über die unsterbliche Geburtsanzeige
der Revolte gegen die Stille
in den streng bewachten Innenhöfen.

Den Rauch hat die Nachhut der Maler
bis zum letzten Weltkrieg gemalt,
dann war der Rauch zu fett
und sank mit den Jahrzehnten in die Täler.
Der Dezember hält die letzten Tage an,
damit sich auch die Nachhut einhängen kann.
Geduld hat die Natur, doch der Betrieb

hat Geld und legt es an,
indes ein Künstler sich mit dem Betrieb anlegt
im Terminal der Macher und Gemachten.

Aus den Zimmern drüben leuchten die Programme.
Ich lese das Gedicht aus dem September
im Schein der flimmernden Bilder.
Und ich lege die Hand auf die flackernden Zeilen,
um ihnen von der Ruhe mitzugeben,
die du mir gibst:
So sind die Wörter kühl und trocken
wie im April das Kosen deiner Haut.

Yeah!

Hier kriecht und kriecht die Nacht heran:
Sie reißt den schwarzen Kasten auf.

Die Sänger greifen nach dem Mikrofon
und schreien in die Nacht hinaus.

Die Macher loben sich von neuem aus,
sie prallen auf die Dunkelheit.

Ich aber knipse meine Lampe an,
Licht in den Kurven meiner Geisterbahn.

Wolle

Das Eiswasser meiner Kindheit
steht nicht in einer Karaffe auf dem Tisch,
das Eiswasser meiner Kindheit
ist das Wasser auf dem Eis im Stadtwald
an einem späten Winterabend,
die Stimme des Kindes dünn und früh verwildert
zwischen den Stämmen, nasse Wolle.

O Trost des Zyklus, arg verheerte Ausfallstraßen
zum heiligen Oval der Stadien!
Die Kirschblüte öffnet sich und weiß:
Wie bald ist es wieder spät im Jahr.
Das Jahr selbst wird wieder spät dran sein,
und ich bin ausgeschritten auf dem letzten Schnee,
um im März die neuen Bilder loszuschicken.

Der Regen rinnt in den April wie in deinen Schuh,
den du am Ufer abstreifst,
um den Fuß in unsere Zukunft zu stecken
und zu sagen: Ich habe mich für dich erwärmt.
O Küsse, o viel zu strapaziös, die Strapse!
Wenn ich die Zehen krümme,
wärmt der Socken ein paar Tage länger.

Ja, ich habe dich zu sehr geliebt,
um dich vor mir zu warnen.
Und nun bist du gewarnt,
und noch immer ist es nicht zu spät.
Das ist selten wie die nasse Wolle,
die sich von selber aus der Trommel zieht
und von der Wäscheleine aus
all die Behausten und die Unbehausten grüßt,
die draußen und die drinnen Aufgebrauchten

und die nie Gesehene, die uns im Morgengrauen bringt,
                    was von gestern übrig blieb,
die Frau, die immer noch zum letzten Mal ihren Milch- und
                    Rappenladen öffnet,
die verwöhnten räuberischen Katzen,
die Sirene, die die Männer in der Arbeitskluft zur Grube
                    schickt, den Kies zu graben,
die Kinder mit ihren rappelnden Schulranzen,
die Spatzen und Meisen auf der festen Wolke des Vogelhauses
                    noch am Junihimmel,
die Männer in Orange, die in den Ritzen des Stadtrands stochern,
                    um die Schönheit urbar zu machen,
das blauweiße Wappen des Fußballclubs in Flughöhe
                    eines Flankenballs,
den tauben Geher und seinen kantonalen Sennenhund,
die Mauersegler mit ihrer sommerlangen Biografie der Lüfte,
den Fahrer vom scheppernden Getränke-Express, gelb und grün
                    gehälftet über und unterm Wasser des Verkehrs,
den Briefboten mit seiner Last aus Worten und Widerworten,
                    auf die der Block des Schweigens drückt,
die fetten Flügel der Raben, oben plantschend auf der
                    weichen Strömung des Winds,
den Architekten über seinem glatt verworfenen Plan,
den Platzwart und seinen Groll auf den Abfall am Platz,
den geschnittenen Holunder, der sommers in die Beeren blutet,
die schiefen Stämme des Waldes über Köniz,
den schwarzafrikanischen, seinen Teil an Stadtanzeigern
                    teilenden Austeiler,
die junge Mutter auf dem Weg zum Grab mit den farbenweh
                    bemalten Steinen der Mitschüler,
die Hymnen, die aufsteigen mit den Stimmen des Werktags
und dem Rauch von verbrannten Büchern und Entwürfen

und dich auf dem Weg zum Wäscheständer,
den Korb auf die Linie deiner Hüfte gestemmt,
die sein Wiegen in die Innenhöfe trägt und auf die Plätze dieser Jahre.

Blume mit Geruch

Die Asche ist schwer vom Regenguss.
Die Schießbudenfigur klappt um
und erhebt sich aus Schmieröl und Dreck,
der Lack strahlt in allen Farben ab.

Du schaust nach dem Regenbogen aus:
Er gibt wenig her für das Kind,
das du warst, und jetzt flammt die Sonne auf
an der Reibe des Raums dort draußen!

Das Süße brodelt aus der Wurzel,
endlich, der Knolle, der Zwiebel,
die Kisten rücken ins Freie, alles Obst,
dein Ohr streift die Knospen, das Gattertor,
ein Büschel Blätter im Flug, das aufruft
zum Kampf, zum Schulbeginn, zum Friseur.

Der Tag rückt eine Stunde vor.
Am Schießstand platzt der Gips: getroffen!
Für dich die gelbe Blume mit Geruch.
Skelette vor der Geisterbahn
schauen sich die frohen Kinder an.

Ferne Freunde

Vom Leben verlangen sie so viel:
Schön schreiben wollen sie,
am liebsten morgens und mit Tinte,
dann vorzüglichen Grüntee trinken,

auch hin und wieder innehalten
in ihrem gelassenen Kampf
gegen die Verlockung des Hochmuts,
der Ruhmsucht, des Wettstreits

zwischen ihnen um die Nummer eins,
gegen das Getue auf den teuren Plätzen,
für die andere bezahlen, siehe
Lebensdaten, unkenntlich gemachte.

Eine Art Glauben

Nennt mich religiös, höfliche Leugner Gottes,
ohne Zweifel ist es eine Art Glauben,
aber an das Leben, das lange kurze Leben.

Die Tippfräuleins sind entschwunden,
ich winke ihnen nach, hier die Blumen!,
und sie drehen sich nicht einmal um,

sie wollten einfach hinaus wie ich
ins lange kurze Leben, mit dem Handgepäck,
und vielleicht treffen wir uns dort

und fangen etwas miteinander an,
das man nicht essen kann, sei der Herr
nun mit uns oder sei er's besser nicht.

Vor mir liegen die Tage, lang genug,
um Ja zu sagen, Ja, zwar nicht
in jedem Fall und nicht in Ewigkeit.

Aber wenn nicht jetzt, wann dann
brauche ich das Curry extra scharf beim Inder!
Letztlich bin ich doch aus auf das Dahinter.

Ein Klee, ein Berg, ein Monument,

ein Ziegelwerk, orange schattiertes Mosaik,
die Töne aufgehellt vom Sonnenmond
und was aus ihnen schön aufscheint.
Die Farben, wie der Pinsel auf sie trifft,
Teilchen, die auf Teilchen schweben,
viele Leuchten wachen in der Höhe.

Punkt um Punkt auf Licht geschichtet,
aufgereihtes Flirren, Glanz des Nachtbilds,
die Gedanken in mir wollen flimmern.
Schau, hoch ausgelegt! Ein Kranarm gar,
ein Galgen? Dann das Tor. Die Rampe!
Mein Atemhauch, im Schein der Totenlampen.

Olivenöl

Die Meere aus Schweiß unter dem Hemd,
die hängenden Gärten über den Wellblechdächern,
die heißen Fahrscheinautomaten
und eine Pizza, meine Margherita,
mit Pelati, Mozzarella und Basilico,
Dreieinigkeit des unverwüstlichen Geschicks!

Margherita, die ihren Alten sitzen ließ,
der gar nicht alt ist und nicht sitzt,
ist schön wie ihre Freundin Lolita,
die gestern ihre Stelle verlor
an schlankere Termine und Tellerminen,
ein Tritt in den Hintern des Maßanzugs!

Margherita gibt sich ihren Süchten hin,
Vanille und Chlorophyll im Schatten der Lauben,
Lolita will von allen Süchten los fürs Erste.
Ohne das siedende Grün auf den Balkonen
bliebe von diesem Sommer bloß die Katze,
hingeschletzt ins harte Licht des Breitengrads.

Männer ohne Frauen schwitzen in Hemden,
die nach Fertigsoße riechen?
Ja, und Männer ohne Arbeit gehen
auf ein hässliches Alter zu, Lolita,
schau ihn an, eingenickt am Nebentisch,
die Backe klebrig auf der Pizza Margherita.

Zweige

Das gelbe Sofa ist in den Garten
gerückt, die Überraschung für Magritte,
die Stehlampe streut ihr Licht

ins Gesträuch. Hier gehen die Betrachter,
stimmt, hier streifen sie, die Hand am Glas,
durchs flache Gras, und hier sind wir,

ist dieses Bild, ein Schaustück für dich
und mich, es zeigt, was nie ich sah,
die blauen Noten steigen auf ins Geäst:

der Auftakt zu fiebrigen Tänzen,
schwere Zweige scharren die Hüfte entlang,
die Masken blättern herab ins Dunkel.

Schwärze des Himmels, Hymne an die Nacht,
an die Kohlen, flackernder Widerschein
der Lieder auf den Brieftaschen:

Auch ich suchte nach einer Liebe
für diesen Sommer und Verse, mit Kreide
an die bröckelnde Mauer geschrieben,

vollgesogen vom Licht wie glühend noch
die Stirn vom heißen, schweißigen Tag,
vom morgen währenden, viel gewährenden Tag.

Rille

Die schwarze Scheibe liegt und dreht
und dreht sich um sich selbst,
bewegt vom flachen Teller unter ihr,
indes die Nadel sich nach innen schiebt

und langsam hin zur Mitte zieht,
ein stetes Tasten durch die Rille,
auf der das Licht der Lampe steht
und schwach erhellt, was vor sich geht:

die schwarze Scheibe, die da kreist
und ihren schwarzen Kreis umreißt,
bis meine Hand, anstatt sie anzuhalten,
sie wendet, um ihr einzugeben, fort

und fort sich um sich selbst zu drehen,
in diesem Drehen doch zu stehen,
wo Ton und Klang, Klang und Gesang
im Stelldichein sich wandeln und verwehen.

Zeitplan

An das, was vorher war,
erinnert dich kein Haar.
Und nachher wird es sein,
wie es zuvor gewesen.

Aber jetzt, wie gewaltig
ist er doch, dein winziger,
dein ganz privater
Anteil an der Ewigkeit!

Blüten, Stiele, Blumen

Wie haben sie es mich gelehrt:
das Leichte lernen, ein paar Regeln.
Und leicht zu lernen habe ich begehrt,
zu sehen, schreiben und zu gehen
zum Tanzplatz hin wie unter Segeln.

Die Stiele schaukeln im Gepränge,
die Pinselstriche, zarter Fleiß.
Und Blüten, aufgeweht auf weiter Fläche:
Wie zierlich sind die Blattgehänge,
das Grün der Grüne sei mir weiß.

Mich an den Farben doch zu laben!
Und leicht zu sein, ich habe es begehrt!
Girlanden, Kapseln, Blütengaben:
Nicht länger sei es mir verwehrt,
was Anmut ist, sogar in Grau zu lieben.

In meinen Stunden

Die schwarzen Bleche für die Kerzen,
die Kassen mit dem schmalen Spalt:
leer allesamt, bis auf die Tropfen Wachs,
die irgendwann nicht weiterflossen.

Die bleiernen Monstranzen oder was,
da, hinter eingefassten Scheiben,
verdämmern mit dem Opferdunst,
die Flügel klemmen all der Engel

und der Türen, die, seit Jahr und Tag
kaum mehr bewegt, verzogen sind.
Kein Markt am Sonntag. Nix neue Hosen!
Ich summe Agnus Dei, dann ein Weißwein.

Das Radio in der Bar verstärkt den Lärm,
in den ich trete, mir entgegen,
im Spiegel doppelt schwach die Leuchten.
Mir scheint das Licht noch hell genug

zum Schreiben. Der nächste braucht's
für seinen Fausthieb auf den Hut der Menge.
Ich wollte nie bloß Sprachrohr sein,
gespielt von meinen dunklen Melodien.

Zwölf Uhr mittags

1
Gebremst der Schub von Eisen aus Europas Mitte,
die Elektrolok, ein Block mit Starkstrom, dröhnt,
und seit Minuten schrillt die Glocke der Station.

Die verstaubten Blätter kreiseln der Akazien
in der Lücke zwischen Tanks und Blechcontainern,
die der Güterzug, schlecht ausgelastet, lässt.

Nie werde ich den Wunschtraum derer träumen,
die ihre Salven in den bunten Plunder jagten,
den Marktplatz leerten, grau verwehte Schwaden,

und einmal sah ich einen in der Spätausgabe,
wie er zum Trottoir kroch: Von seiner Wade
steckte mehr im Stiefel als am Knie noch hing.

2
Von fern die leeren Schienen in die Ferne.
Ein Zeitungsblatt liegt da, und alte Fotos
vergilben tagentbunden in der Gegenwart.

Nicht ein Verfahren, neue Grenzen festzusetzen
und neu die Steuern, wiegt je das Blut mir auf,
das diesem Mädchen aus dem Auge schießt,

die dünnen Arme um die Schultern dessen,
der dorthin flieht mit ihm, wo Tag und Nacht,
wo alle alles tun, um nicht zu spät zu sein.

Die Glocke schrillt noch immer. Die Elektrolok
ist angewachsen. Waldreich die Hügel überm See
und täglich offen das Café mit Fernblick.

Ein Tag hebt an

Die eher junge Frau, ein wenig stämmig,
das schwarze Kleid geschürzt,
die braunen Beine bis zum Knöchel
im klaren, kaum bewegten Wasser,

die hinunter auf das Kind sieht,
so klein, dass es nicht stehen kann,
steht so allein mit sich und ihm
am Rand der Kiesel, die der See freigibt,

daneben ihre Badematte, die Tasche samt
den Kindersachen und dem Schminkzeug,
der dunkle Flaschenhals des Thujabaums
beim Strandcafé, das noch geschlossen hat.

So steht sie da, inmitten einer Welt,
die hier hereinscheint in die Zeilen,
vergegenwärtigt nur in ihr, wenn sie
sich fragen wird, wer sie dort war,

dereinst, und eher jung, ein wenig stämmig,
das schwarze Kleid geschürzt,
die braunen Beine bis zum Knöchel
im klaren, kaum bewegten Wasser,

als sie hinunter auf das Kind sah,
das so allein mit sich und ihr
nun aufgestanden ist und weggegangen
in ein andres Jahr, ein andres Ja.

Gladiolen

Als sie droben die rostige Dose nimmt,
gibt sich die Gebärde weiter, wo sie steht,

der Aluleiter, und das Aluminium quietscht,
auf dem die Frau herabsteigt, Fuß nach Fuß,

vor der grell erhellten Wand der Grabplatten,
um drunten den Rest Wasser wegzuleeren

und die Dose mit Gladiolen aufzufüllen,
die im Dorf aus jeder Gartenecke schießen.

Von weiter oben dringt der Dreiklang her
der Kapelle auf dem Felsen überm See,

indes die Frau, in ihrem Arm die rote Pracht,
so wieder Fuß vor Fuß, ins Hohe steigt

des Tags, des *Ego sum resurrectio et vita*,
wie es vom Sohn geschrieben stand, bevor

sein Tod die Lücke in ihr Leben riss: Die erst
sich schließen wird mit ihrem Leben –

was sie gewusst hat, lange ehe es geschah,
indes sie geht, nun wieder unten, auf dem Kies,

am Tor jetzt, unter dieser Schrift hindurch.

Langsamer Sonntag

Im Unterhemd durchquert der Nachbar
den wieder heißen Sonnenstreifen,
spricht in den dunklen Spalt im Fenster
und reicht die illustrierten Kriege durch,

so dass ich noch das Foto blitzen sehe
von einem Mann, dem ein paar Tote mehr
die Stoffservietten wert sind, abends,
im Glanz der Friedenstreffen und Empfänge.

Die Nachbarin nimmt Bürste auf und Eimer,
sie steuert auf die stillgelegte Kirche zu,
die schwarzen Leggins unter ihrer Schürze
umschließen Fettgewebe, ein, zwei Ideale.

Der Nachbar redet weiter in das Dunkel,
wo ihm ein Sportprogramm entgegendudelt.
Die leere Korbweinflasche hält die Stellung,
und stechend hell das schmerzversteinte Sims.

Das Bild der »Welt«

Du bist in mir, bei Nacht, wenn meine Träume
schon geträumt sind, nur nicht der letzte,
wo die liebsten Toten zu mir treten werden;
ich liege wach, verwundert, ob das wahr wird,
und eben stark genug für Eingeständnisse.

So atme ich den Schrecken ein dort draußen,
die tiefe Stille nach dem Schrei um Hilfe,
während du in mir zum Fenster willst,
den schmalen Spalt auch noch zu schließen,
ich aber bleibe, leiser Atem, bei mir liegen.

Vergiss die »Welt« und fange unten an.
Ein Rat, der mir am hellen Tag gefällt
wie sonst der aufmerksam gedeckte Tisch.
Die Zeit der Blumenkinder war dieselbe
wie die Zeit der Bombenleger, Allestöter.

Vom Schlafen und vom Wasser

Schau her, die hübsche Junge da
auf der Terrasse ihres Ferienheims:
die saisonale Nachtbekleidung,
ihr seidig klarer Vorscheinglanz!
Dass du wie sie so schön bist,
wird mir bleiben, bis du gehst.

Das schwere Kieselsteinbett schaukelt,
vom Licht gefächelt, unter Wellen,
die sich des nachts beruhigt haben,
und welke Blätter hängen auf dem Wasser.
Du aber, warst du je verzweifelt?
Die Blätter, Schirme vor den wachen Lidern?

Die Kiesel wimmeln, rohes Murmeln.
Ein toter Fisch, ein Silberwort:
dies stille Bildnis, fortzutreiben …
Wir brechen auf zur Schiffsstation,
bevor die dunklen Scherben Flaschenglas
für dich und mich geschliffen sind.

Züge eines müden Gesichts

Wenn Markt ist, müssen viele stehen,
die Wagen dann mit denen teilen,
die einen Sitz erobert haben,
wegsehen, während sie erzählen,

was läuft, daheim, im Hinterland,
die prallen Taschen auf den Schenkeln.
Die Fenster ziehen durch den Tunnel,
und dieser Tag ist heiß, ist heute,

an dem der Zug aufbrach aus dem,
ich lese es, geplünderten Srebrenica,
sechs lange Tage immer kürzer wurde,
bis zirka Tausend doch eintrafen,

kein Stück vom Schuh mehr unterm Fuß
und tränenleer der Blick des einen
auf das Geflatter an der Leine,
die irgendwer im Auffanglager spannte,

indes der Zug, voll von Gesichtern,
das Ufer streift des Sees, der lächelt,
wie der Dichter sagt, zum Blau hinauf
und spiegelt so ein Blau in einem Blau.

Lass rauschen

Der Tunnel nah der Grenze endlich offen,
die Schwellen neu, Rost färbt die Pfützen.
Ihr Musen, neun sollt ihr gewesen sein?
Ein Wagen nach dem andern ruckt voran,
das Eisen schlägt den Takt der Fremde.

Ich lobe diesen Tag noch vor dem Abend,
im Abteil allein und eng am See entlang.
Sah so vor Jahren, weg von Patras,
vom Fenster jenes Zuges aus im Meer
die Fische wimmeln, wild der Rhododendron.

Der grüne Apfel auf dem Polster da,
zu früh geholt, wer weiß, vom vollen Ast,
gekullert zwischen Sitz und Lehne:
die grüne Faust, die meine Hand umfasst.
Ob zwei, ob neun, auch sechs, ich beiße zu.

Rote Fahnen

1
Eines Nachmittags löst sich die Menge auf,
und irgendjemand schafft die Fahnenstangen
in seinem Kombi hinten weg.
Die Lautsprecher sind abgehängt,
um in einem Hobbyraum zerlegt zu werden.
Den Platz durchtrennen Schienen: feiner Schwung
der Linien, seit die Mittel wieder fließen.

2
Wir wechseln Dollars ein für echte *Levi's*.
In der stillsten Stunde der Versandabteilung,
verschwommen nah, das Schamhaar unterm Petticoat.
Wie lange werde ich die rechten Worte suchen
beim Milch-Shake nach der Schlusstotalen,
die uns die Schultern hob? In den Künsten aber
triumphiert der Glaube an das eigne Selbst.

3
Zwei Tagelöhner sammeln Grobzeug ein.
Das Transistorradio auf der Bank, gestiftet
von der *Regio-Bank*, bringt gut gelaunte Grüße
eines Routiniers. Alter Platz, die Haltestelle jung.
Wer anonym bleibt, der bleibt unbehelligt.
Die hübschen Mütter zieht es gleich zum Eiscafé,
zügig weg von diesen schrillen Typen dort am Eck.

4
Durch das Tor der stillgelegten Feuerwache
rücken sie die Zentner, zwei nervöse Gitarristen
und *Backgroundvocalists*, vom Stadtmagazin gepuscht.
Schwarz lackierte Kästen dienen vollem Klang.
Satisfaction guaranteed for all.
Die Satellitenschalen zeigen hoch ins All.
Vom Platz aus Fahrt in alle Richtungen.

Dieser Tag zählt mit

Erste Fotografen steigen
auf die leeren Stände.
Unter der Uhr, die die Welt rühmt,
ziehen drei Männer am Seil
die Ziffern hinauf
der täglich erneuerten Zukunft.

Wir werden alle hier gewesen sein,
ohne miteinander gesprochen zu haben,
und wir reisen alle wieder ab
wie dieser Mann da, hinter mir,
der mich schreiben sieht:

In meiner gelben Jacke,
wasserdicht und winderprobt,
von der Brise aufgebläht,
bin ich der Logbuchhalter
vor der schwankenden Giudecca.

Alternd das Vertrauen wahren,
mit dem ein Junge aufbricht
nach so etwas wie
Treue zu sich selbst.
Schau, wie sich das anfühlt!

Sei weise, raten mir die Alten
auf ihrer Reise durch die Sprachen.
Nicht lässt sich fassen: ihre Größe.
Wie gern verstünde ich.
Was ich notiere, bleibt
noch eine gute Weile frisch,
um sieben morgens, Sommerzeit.

Vor dem Horizont

Einmal am Meer schaue ich aus
nach neuen, von mir nicht erhofften Helden,
ich mache mich gefasst auf ihre Hymnen,
daher geweht vom Horizont,
wo die großen Tanker lagern.

Was ich höre, sind die Märchen
pensionierter Kommunisten, wie sie lüstern
auf die Liebesgöttin der Geschichte starren,
ist das Keuchen junger Spekulanten
unter den Fingern einer telefonischen Affäre.

Toter Homer, viel anderes künden
auch die Musen nicht, Tropfen im Meer
des Verkehrs, Geschäftige voll Zuversicht,
dass ihren Geräten einer andichte
die verständig schwitzende Seele.

Die Worte der Propheten sind verbraucht,
so die Propheten im Archiv der Stile.
Die neuen Zeiten welken vor der Zeit.
Was kommt, ist der Betrug von gestern,
den einzig die Geschichte überdauert, Musen.

Zeugnisse

Am nächsten Morgen früh schon wieder draußen,
um mir unterwegs mein Ziel zu suchen,
und wieder komme ich an ihm vorbei,
dem ausgebleichten Halbschuh ohne Sohle,
der Sprudelflasche später, schwarz von Teer,
dem Fetzen Zeitung mit vertanen Neuigkeiten:
Die Gewohnheit schafft mir solche Spuren,
die Gewohnheit und der anderen Saumseligkeit.

In den Spätherbst

Die blaue Farbe glänzt des Tisches,
der nass vom Regen ist seit Tagen.
In der Lampenschale knapp darüber
hängt das Wasser bis zur Birne,
die du besser nicht zum Glühen bringst.
Vom Strohdach tropft und tropft es,
und ist noch immer wenig Licht am Himmel.

Mag so der Sommer enden, während die Tomaten,
trotz eines krassen Hitzeschwalls im Mai,
nicht höher wuchsen als zum Knie,
das nationale Team erneut nicht Meister wurde
und die Regierung, gestern erst gewählt,
nichts Besseres verkündet, als dass sie
Fuß um Fußbreit vorwärts gehen werde.

So wird die Enttäuschung milde sein.
Die Orangen werden leuchten wie Tomaten.
Die Toten haben sich gemehrt und doch,
die Lebenden sind mehr geworden.
Auch Krieg zu führen bleibt verführerisch.
Das wird demnächst das Jahr gewesen sein.
Ein anderes wird nicht geworden sein.

Winterfahrplan

Noch alles dunkel auf dem Boulevard, die Katze
gelähmt auf dem Stuhl im Café, belegte Stimmen,
Männer steigen mit dem Seesack ins Souterrain
und kommen als Matrosen wieder herauf.

Immer fröhlich auch gewesen diesen Sommer,
manchmal berstend fast vor Glück,
inmitten des Geplappers an den Tischen,
wo sich die Hände um die heißen Tassen schmiegen.

Vor dem Fenster füllen sich die ersten Busse
wie die schwer hängenden Zweige in der Ebene.
Die junge Frau drückt ihre Zigarette aus.
Recht hübsch, der blaue Pulli da, am Nebentisch!

Die Helle dringt von unten in das Land.
Schon lässt sich nicht mehr im Freien schlafen.
Die Palmwedel flattern vor den leeren Hotels,
und bald geht es auf Weihnachten zu.

Der Wind bleibt warm, der Himmel schwelt.
Dann sind die Sterne erloschen, und das Rauschen
über den Plätzen hebt den Tag in die Vitrinen.
Nutzlos das Nützliche, gewaltig die Zahl der Angebote.

Uferweg

Im Kopf wehrt sich das Saxophon zu klagen.
Der Wind wirft Wellen in mein Tagebuch.
Die alten Freunde, früher suchten sie
bis in die Nacht hinein nach neuen Quellen.
Am Wasser glimmen Lichter aus dem Dunst.

Die Blätter wieder unten wie das Wild,
ihr Teppich schwankt, ich trete ein.
Gestocktes Blut in den Vitrinen des Lokals.
Das Schöne lieben? Oder schönes Lieben?
Am Nachbartisch die toten Spötter warten.

Fernsehen

Was konnten sie einander sagen,
jene zwei am offenen Fenster,
bevor sie Hand in Hand
vom brennenden Tower sprangen?

Wie sie einander verloren,
hoch oben in der Luft,
wie jeder für sich allein
dem Ende entgegenstürzte.

Wo immer die Kamera war,
sie fuhr nicht mit hinab.

Die Wörter blieben oben, alles,
was sie sagten, blieb dort oben,
wo kein Fenster mehr ist.

Fußnoten

Immer wieder neu von neuem
steigen sie und steigen jene
in den alten allbekannten Fluss.

Um dieses Wasser aufzuhalten.
Um darin einen Stand zu finden,
wo sonst alles fließt.

Aus seinem Rauschen,
wenn der Fluss sie fortreißt,
höre ich die Schreie,

den Klang der Reden und Zitate,
das Tönen der Legenden,
all die verwehrten Ewigkeiten,

wie sie in die Ferne treiben,
die Gräber in den Wolken,
Asche wandert auf dem Grund.

Nichts ist da auszugleichen,
ob sich Rauch und Wellen reiben,
wo einmal nur die Steine bleiben.

Und ich setze die paar Noten
auf das so getrübte Wasser.

Demograzie

Für Konrad Klotz

Ich will mich dehnen wie die Wiese am Langen See,
auf der ich mich wiederfinde nach den Tagen
unter fünf Sternen einer bestens bezahlten Arbeit,
indes ein alter Song durch mich hindurchzieht
und die Bilder zittern, durch die dann ich hindurchzog.
Damals war ich jung und heute bin ich damals.
Und damals zogst du weg nach Kanada und heute liegst du.
Der Schmetterling schaukelt über mir am Faden dieses Tags,
und mit ihm hebt das Du zu dir auf den See hinaus,
indes die Bilder mir zerrinnen wie der See ausläuft,
dort unten im Süden ins Italienische hinein.
Dir zucken die Schultern, du zuckst sie nicht.
Wie leicht, aufzustehen, vom Song mich wegzudrehen
und in einen andern alten Song hineinzugehen,
wenn erst geschrieben steht: Du liegst.
Die Wolken stehen über dem Lago Maggiore,
und in zwei Tagen werde ich es sagen hören,
eben hättest, hast du dich auf den Rücken gedreht,
endlich, zu früh, endgültig, endgültig zu früh,
um für alle Male ein langes Liegen zu beenden,
aus dem du wieder hast hinaustreten wollen,
mit allen Sinnen, knapp bei Kräften, fähig,
neben mir am Zürichsee von Gedichten zu reden,
von Schmetterlingen in den Versen toter Dichter,
von den Fäden des Geschicks und des Gedichts,
irgendwo von wem durch uns hindurch gewoben.
Mein Du zu dir macht nun die Runde durch die Leser,
denen du hast bleiben wollen, wie du verzweifelt fast
deine Liebe zum Gedicht hast ausschreiben wollen,
die Verlierer nicht vergessen jener Kämpfe um dich her,
weil sie dir alles waren: die Poesie, die Rhythmen,

die Parolen und Entwürfe, der Schlag der Wellen,
von denen du mir schriebst, loin lointain, auf den Spuren,
die Gedichte schufen, zwischen Zürich und Jamaika,
zwischen Patoi und Dakota, St. Lucia, Helvetia und Montreal,
die Söhne, und die Frauen, und das früh erstickte Kind,
der ganze Pidgin-Trost, am Telefon gestammelt,
dies, dass wir uns wieder träfen, bald und irgendwo.

Die helfende Hand

Wie lächerlich ist die helfende Hand,
    wenn niemand nach ihr greift,
        doch entsetzlich ist es,
    wenn jemand ihr entgleitet
        und zurück ins Lager sinkt der Schergen,
    wenn sie nicht hinreicht,
die helfende Hand, dorthin,
    wo Blut das Grundwasser färbt,
knietief, in ausgehobenen Gruben.

Und dennoch ist es schwer zu sagen,
    dass niemand sie mehr reichen soll,
        dass sie nichts weiter sei
als das letzte leere Blatt aus jenem Buch,
    das die Schlachten festhält,
und niemand hielt die Schlächter fest.

Einmal ausgesprochen,
    mag es leicht zu wiederholen sein,
        dass niemand sie mehr reichen soll,
weil niemand anderem sie nützt
    als denen, die sie reichen.

Die helfende Hand ergreift die einen,
    wo Tausende um Hilfe flehen.
Die helfende Hand ist zu schwach,
    auch nur die zweiten wegzuholen.
Wo sie hinreicht
    und wo sie nicht hinreicht,
        dort stößt sie gegen das Unrecht,
das dieses eine Recht zu leben nährt.

Halbes Jahrhundert

Der Wind jagt das türmende Weiß
in die Tiefe des Himmels hinaus.
Was mag er getan haben,
an diesem ersten Tag im Herbst,
der Vater, damals so alt wie ich jetzt?

Ungeheure Zonen lagen verwüstet.
Unvermessene Jahre liegen dazwischen.

Die mächtige Wand rauscht auf
von Tannen und Eichen im Stadtwald.
Der Schrei des Schreckens ging über
in den Schrei der Hoffnung,
doch aber nicht im selben Mund.

Teure Bilder

Bilder, hinter Glas gezwängt,
auch alte und rare, hergeholt
aus ihren Nischen in den Katalogen
ins Kunstlicht der Auktionen:
nicht ertränken in Verständnis!

Anklänge an Tode auch und Tore,
wer kennt die Namen, nennt die Maler?
Schwermut reimt auf Trunksucht,
Ratschläge sind Rätsel, schwierige,
für spätere Fragen und Verluste.

Eh, meinst du mich? Wie war mir wohl
vor den Brunnen mit ihrem Kleingeld,
den römischen samt ihren Kopien!
Lieber kehre ich nie wieder,
im Frieden mit den Unzufriedenen.

Alleinunterhalter

Im Speisesaal erkennen ihn die meisten,
die auch das letzte Jahr, die letzten Male
hier gewesen sind mit Frau, die Frau, das Kind.

Vor vielen Sommern hat er schon,
er, der Routine hasst wie allzu freies Spiel,
die Gläser, wenn sie klirrten,

das Geraune, mehr noch das Geplapper
übertönen wollen dieser ewig frisch verliebten,
ewig frisch geduschten Jugend.

Vor vielen Sommern hat er schon wie heute,
inmitten Unbeschäftigter und unter Leuchtern,
das eine Augenpaar gesucht, versucht, gesucht.

Er legt die Noten fort, die er nie braucht,
sein liebstes Liedchen noch, verlangt von keinem,
dann den Deckel sachte auf die Tasten.

Und schließlich ab, willfährig fast,
quer durch den Saal: die hübsche Neue am Empfang,
doch jung!, dann gute Nacht, und so allein hinauf.

Elastisch wirkt sein Gang noch immer,
ins arg vertraute Zimmer, nordwärts unterm Dach.

Durch Hauptwil

Bäche, dies der Anfang, die Tümpel stehen,
von den Bergen herunter kommt Schmelzwasser,
endlich treibt es die Sägen an und Mühlen,
Bauern zum Nutzen.

Bald wird Leinwand veredelt, wo zum Bleichen,
auch zum Antrieb der Walken und Mangeln
Wasser nötig zu lenken ist und stetig
über die Räder.

Verfeinert wird nun Indigo, der Farbstoff,
und der Kuhmist, gemischt ins Blut der Ochsen,
lässt die Händler am Türkischrot gewinnen
ihrer Textilien.

Wenn hier alles aber am Abend still war,
unter seinem Fenster Weiden und Pappeln,
nur das klare Wasser des Sorenbachs dann
hörte er rauschen.

Vor dem wimmelnden Sternenhimmel dichten,
von der Unschuld singen unter dem Alpstein,
zum Versöhnenden, wie er da war, sagen:
Ein Chor nun sind wir.

Aus den sommerlich weit offenen Fenstern
klingen, wo ich gehe, serbische Lieder.
Felle liegen zum Lüften auf den Simsen,
sonnige Zuflucht.

Des Schlafes Schlaf

Vergehen werden wir auch draußen,
jenseits der ehrsamen Mauern,
wo in ihrem Stein die Epochen schaffen,
die immer doch verlustreich waren,
und Techniken sind erfunden,
all den Namen und den Bildern,
den Legenden und Legionen zu vergeben.

Wer sind sie gewesen, was sind sie
in ihren Resten und selber sind sie wo,
unter dem ehrsamen Laub, den Schritten,
in der knirschenden Stille,
wo die Tränen geronnen sind,
getrocknet am Stein, wenn Sommer ist,
im Erdreich versickert,
gefroren im Boden, wo der Reif schweigt
ins Weiße hinaus, Inschriften,
vergeblich am Dasein rührende Namen?

Nichts von dem ist dort zu lesen,
auf dem Stein nicht, nicht im Staub,
was, als sie lebten, sie verschwiegen.
Ein jeder wird ihn erfahren, jede wird es,
den Tod, der alle draußen
weitermachen lässt, manche gestärkt sogar,
ein kühler Schluck vom Leben vor dem Grab,
jede wird es erfahren, jeder wird es,
wenn es sich nicht mehr sagen lässt.

Blattwerk und Marmor, Stille und Schmerz,
jedermanns Schlaf im Immergrün
der forthallenden Klage, gleiche Gültigkeit
und Gleichgültigkeit,
niemand und nichts im nicht mehr Unterschiedenen,
Sand, eine Hand, keine, Sand, etwas Gras,
Gras und etwas, das alles wusste
und nichts hat, um zu sprechen,
etwas, das nichts braucht.

Neun Gedichte aus dem Fahrradsattel

Landi! Badi! Doppelbürli!
An allem zieht vorbei
die stete Kurbel meiner Waden.

Schau, Kornblumen!
Möchte ich rufen,
aber ich radle ja allein.

Aufwärts im Schatten der Baseballmütze,
erfrischt vom Schweiß,
der auf die Schenkel tropft.

Käfer am Weg,
kurz wie ein Haiku von Issa
begleitet er mich.

Vorwärts, querwaldein!
Zerhackt vom Stakkato der Speichen
die Äste auf dem Weg.

Badehose, Badetuch,
Sonnenöl und Straßenkarte:
Alles fliegt mir davon!

Wie die Lilien auf dem Felde …
»Zum selber Pflücken« – Hier das Kässeli!
Gebt euer Heiligstes nicht den Hunden!

Zu Vermieten!
Auto-Unterstand! Garage! Hobby-Raum!
Ich fahre einen anderen Traum.

Im Rucksack Füller und Notizbuch,
der Zukunft jage ich voraus
zur letzten Gartenbeiz am See.

Liebe zum Kanal

Abgesunken auf seinem Stuhl
im Winterlicht Venedigs

ist der einzig schwarze Fleck
im Umkreis von mehreren Meilen

der Rest Espresso in seiner Tasse

ist der einzig schwarze Fleck
im Umkreis von mehreren Meilen

im Winterlicht Venedigs
abgesunken auf seinen Stuhl.

Komposita

Kaum in die Hand geschnitten
biege ich das Blech zurück

und tauche wieder auf im Supermarkt
wo ich die Dose im Regal versenke
und ein anderer die Stapel Dosen holt

bevor das Frachtgut hintendrin
den Laster durch Europa zieht
der endlich in den Hof einrückt

wo man das Zeug hinauf zur Rampe hebt
von dort zurückträgt in die Halle
Zutritt nur für Angehörige des Werks:

paar Frauen die am Fließband sitzen
das Fleisch vom Blech ablösen
und zur Fangquote zusammensetzen

Dichter schaffen keine neue Welt
Dichtung ist nicht befugt
Doch Fischer nehmen dich mit hinaus

in ihren Kuttern volle Netze

Auf dem Platz des Himmlischen Friedens

Aufgewölbt der Bauch, so unbewegt
wie einmal viel bewegend, nicht im Grab,
nein, unter Glaskristall in grauer Uniform,
die rote Fahne reicht und mit ihr gelb
der Hammer und die Sichel reichen
bis zu den Knöpfen seiner Jacke.

Glanz auf dem Gesicht, den rosa Falten,
der alten stark geschminkten Haut,
dem Haar, mir scheint, voll Öl: so ständig
angeschaut im Neonlicht von Tausenden
und keine Ruhe, kein Verfall, Vergehen.

Was sich nicht erneuert, neu von neuem wird,
wie soll es bloß erhalten bleiben?

Geflüster nur und Ehrfurcht, Stille.
Abgelegt, nicht aufgehoben, diese Hülle.

In schwüler Nacht

Fledermäuse über dem Mausoleum,
linde Akazien am Straßenrand.
Stimmen hinter staubigen Mauern,
Zeitungsblätter rascheln,
immer wach erklingende Fahrradglocken.

Fünf Tage in Beijing und ich höre
das Schnauben der zehntausend Pferde.
Wohin brechen sie auf?
Oder sind sie längst unterwegs?
Reformer müssen listig sein.

Kehrt der Morgen aus dem Grün der Berge wieder,
glänzen Maschinen im künstlichen Licht,
die Tiere schwinden mit den Fahrrädern.
Staub wallt abgerissenen Mauern hinauf.
Reformer müssen mutig sein, andere sind dreist.

Zum Jangtsekiang!

Der Fahrtwind zieht, er kühlt den Tee,
die Luft schmeckt ländlich faul.
Das Bohnenstroh liegt ausgebreitet,
kein Traktor? Auch kein Gaul!
Durch Grünes schweben Bauern hin,
nach jungem Reis gebeugt.
Der Wasserbüffel treibt im Schlamm,
mit Haar behängt das Maul.

Fabriken, Staub im Dämmerlicht
und Kräne, hochgezogen.
Die Brücke strebt hinauf und senkt
sich über ihren Bogen.
Der Fluss ist still, das Bambusboot
am Abend festgebunden.
Noch eine Stunde Fahrt, Shanghai:
Worum bin ich betrogen?

Weiter südlich

Links ein Weg in die Felder.
Die das Land vermessen,
ihnen fehlt es an Strich und Taten.

Verlassen stehen die Kirchen,
wo sie keine goldenen Werke bieten
den Reisenden, der Handvoll Kenner.

Und doch, der Anspruch auf Glück,
nimm ihn wieder mal aus Gottes Hand,
selbst Gott, so heißt es, bewegt sich.

Aus dem dämmrigen Winkel der Welt
tauchen sie hervor, sie, schlecht
beleuchtet, die der Aufstand vergaß.

Nichts hat er gebracht als denen,
die gieren nach Macht, die Macht
zum wievielten Mal, mein Jannis.

Und ist es nicht mehr wichtig,
wer die Spuren liest? Doch,
und wer sich an ihnen misst!

Unser Freund, der Maler, sagt,
seine Bilder zeugen von seinem Wunsch,
die Nächsten zu lieben.

Wenn Bilder nichts zu tun haben,
sagt er, mit dir und mir und mit dir,
dann brauchen wir keine Bilder.

Von der erfüllten Welt

Sie steigen hinterm Hügel hoch,
versilbert von der Abendsonne
und immer um dieselbe Zeit,
aus Mailand wohl, aus Rom,

um übers Dachfirst zu entschwinden
nach Wien, wenn nicht Berlin,
getragen von der Gleichmut jenes Bogens,
den ihre Strecke in den Himmel spannt.

*Auch ein Flug von 12 Stunden beginnt
unter deinem Fuß*

1
Hinter dem Ural
tief unten Lichter,
gebettet ins Schwarz.

Sehr spät muss es dort sein,
doch für wen?
Die Zeiger meiner Armbanduhr
ticken im Kreis
dem Land entgegen
der aufgehenden Sonne.

4
Tiefe Nacht
hier oben.
Und für mich
hat der Abend
erst begonnen.

5
Ein Komet zischt vorbei!
Quatsch, es war der Vorhang vorn,
von einer Hand aus der Crew
auf einen Ratsch zugezogen.

6
Die Sterne stehen still,
vorhin in jenem Fenster,
jetzt in diesem.

So sehe ich sie
vorüberziehen.

7
Lange nach dem Eintritt
in die Ewigkeit über den Wolken,
kommt noch eine halbe Stunde drauf.
Und das Flugzeug, hängend
über einer nie gesehenen Küste,
einem nie gesehenen Hinterland,
schwebt zu auf sie,
die unberührte Landebahn.

Von draußen

Täglich liefern sie roh
von allem, was sie haben,
das Meer und seine Söhne,
die Fischer und Schiffer
auf blutigen Kuttern:

Zierden der Tiefen
über den Gräben und Krusten,
mit zwei Stäbchen aus Holz
holst du sie herauf
aus rot lackierten Schalen.

Die Brühe bleibt heiß,
handwarm bleibt, was du hältst,
hauchdünn beschichtet,
wieviel Mal ist eine Zahl
zum Vergessen, hundertfach.

Nachts Licht

Den Tōkyōtern die Straßen und Läden,
dir die Bilder davon:
geschäftig treibende Schatten,
Elektromotoren, schwarze Augen,
der Asphalt aus Kork, so still;
träge die Rhythmen der Rolltreppen,
ausgedünnte Leuchtreklamen
im lahmen Takt des Sparzwangs,
sanft entflammte Lampions.
Wie sehen böse Geister aus?
Grimmig wie der Tempelwächter,
der dich vor ihnen schützen soll?
Du findest nichts, was bitter ist,
du kaust die dunklen Algen.
Der *FamilyMart* neben dem *Toko Hotel*
hat 24 Stunden offen,
unterwegs ist niemand mehr
in dieser Herbstnacht um eins.

Schuhlöffel

Die jungen Frauen, wie sie dahingehen,
jeder Schritt dem Gelände angeschmiegt,
jedes Schrittchen überlegen dem Asphalt.
Und diese Art zu trotten
in eingelaufenen Schuhen,
den wieder und wieder gebrauchten,
die keinen anderen Füßen passen
als denen, die in ihnen stecken!
Jeder Schritt die schief getretene Abkehr
vom Laufsteg, von Hochglanz-Magazinen
in den aufgeweichten Falten ihrer Stiefelchen,
in den Beulen ihrer Turnschuhe,
in bunten Socken, tätowierten Nylons,
in schwarzen Strümpfen überm Knie,
wie gern betrachte ich sie.

Die Füße einwärts gekehrt,
ein langes Leben gegenstrebig gefügt,
der Firmentreue versprochene Freundinnen:
Fast stellen sie sich selbst das Bein,
doch sie straucheln nie, sie,
dem Sturz so fern wie wandernden Mönchen
samt ihren Scherzen,
die am Ende alte Rätsel sind.
Nicht geziert vom Gürtel der Anmut,
zockeln sie ihrem Ziel entgegen,
im Schutz der Unbefangenheit
vor allerlei Dämonen:
ein Greis, den sie nicht entzücken,
ein junger Mann, der sie entzückt,
die Kappen hinten herabgetreten,
es schlüpft sich so leicht.

Garten der Leere

Alles, was dir fehlt,
und was du alles brauchst,
ist die vollkommene Zahl,
von anderen vor dir bestimmt.

Hast du sie, betrachtest du,
was sich aus ihr zeigt:
Ein Feld geharkten Kies
und Brocken kleiner Felsen,

roh geformt in dieser Zahl,
in der du sie, so gesetzt,
nie zugleich erfasst
auf einen Blick allein.

Eingesenkt ins Schweigen,
umgrenzt und starr der Garten:
Bild vom All, in dem dies Bild
und du sich drehend stehen.

Bewegen musst du dich,
die Brocken Stein zu zählen,
und bewegst du dich, so rückt
ein Stein dir aus dem Blick.

Nach Shikoku

Gegen Ende November
schiebt sich die Fähre
in die tiefer stehende Sonne.
Außer uns kaum Reisende.
Rucksack, mein Kopfkissenwort
auf leeren Reisstrohmatten.
Kein Schnee, kein Silberhauch,
im Tuckern der Motoren
nicht ein Laut von Sturmgespenstern.
Ich hätte ihnen in die Augen geblickt,
denn wenn, dann haben sie Augen.
Aber sein muss es nicht.
Die Fernsehschirme blind und stumm,
als fehlte es an Strom.
Und das ist selten hier,
wie Übermut beim Übersetzen.

Im Ritsurin-Park

Schöpfst du so das Wasser
ohne Kelle aus dem Brunnen,
wiegst du so den vollen Mond
in der Schale deiner Hände.

Alte Worte des Dichters
aus der Tang-Zeit schmücken
das Teehaus eines Mächtigen,
der sie zu lesen wusste.

Lotusblumen stehen welk
am Rand empfohlener Wege
auch für Rollstuhlfahrer.

Und junge Leute springen,
eins, zwei, nein, bei drei:
durch die Sucher der Kameras.

In seiner Werkstatt

Die Natur verzeiht gewisse Fehler,
sagt Noguchi Isamu und sagt nicht welche,
er hat den härtesten Granit gewählt,
das Maß an Harmonie aus ihm zu hämmern.

Um leicht zu enden, schwer beginnen.
Schlag um Schlag gewinnt der Stein
und wird zum Ring aus Schwarz und Rot:
der Sonne Glanz um Mitternacht.

Mit Alkohol

Die alte Frau, die Reiswein verkauft
noch abends nach acht in Uchiko
in ihrem ungeheizten Laden
voll verblichener Attrappen
von Flaschen mit *Suntory Whisky*
seit wer weiß wie vielen Jahren,
weiß ihren Mann im Rollstuhl hinten
vom Staat versorgt von neun bis vier,
und 10 Prozent bringt sie selber auf
dank Reiswein und seinen Trinkern
im Rollstuhl oder schwankend
oder wie du, trippelnd zum Regal
auf dem steinschwarzen Boden.
Gut lebt es sich im Alter in Japan!
Und Sie? Europa? Kehren Sie zurück!

Kleine Herberge

Selbst wer nichts sucht,
wird hier das Eine finden,

spricht das Gästebuch zu mir,
für sie und ihn, auf Englisch.

Rhetorik zahlt keinen Aufschlag
auf die Nacht im leeren Zimmer,

den Badezuber mit dem heißen Wasser,
hinten im Verschlag im Garten,

auf das linde Sternenmoos,
den glimmend kalten Ahorn

und die Steinlaterne
im Licht elektrischer Monde.

Nach dem Heißquellenbad

Vollmond war gestern,
Sonne wird morgen nicht erwartet.

Das ist alles, nach Tagen
ohne Nachrichten aus aller Welt.

Vor einer Stunde füllte ich
den ersten Becher Reiswein,

und in seinem Glanz
beleben sich die Streckenpläne,

das Neonschildchen: Notausgang
dort drüben bei der Schiebetür.

In seinem grünen Schimmer schlafen,
nach einem Schluck noch,

durch den kühlen Rest der Nacht,
indes die Heizanlage davon träumt,

wie wohl und glücklich summt
ein Schmetterling durch meinen Traum.

Regenschirme

Unleidig dieses Beppu,
falsch die Auskunft am Hafen,
schlechtes Japanisch beim Empfang,
angebranntes Tofu im Speisesaal,
Flecken Schimmel im Badehaus,
das Quellwasser lauwarm,
zu früh zu hell das Fensterpapier,
und darum haben wir uns doch geliebt
in diesem grauen Morgenlicht,
und darum gehen wir in Miyazaki
unter einem Regenschirm
am Strand zum Shintō-Schrein,
wo die Mädchen beten
um einen guten Ehemann,
um eine gute Frau die Burschen,
und zwei, drei Paare wünschen sich,
dass ihre Liebe immer grüne.

Warum mir nicht nachhelfen lassen
von den hier verehrten Göttern?
Wenn es keine Dämonen sind,
dann muss ich sie nicht kennen,
solange sie mich erkennen.
300 Yen sichern Wohlergehen,
samt einem rosa Zettelchen
voll mehrdeutiger Aussichten
auf Gewinn an Sinn im Dasein.
Und das ein ganzes Jahr lang!
Danach bitte wiederkommen!
Selbst die Münzen währen nicht ewig
in dieser trüben,
im Regen zerfließenden Welt.

Bin im Haiku

Früh im Winterwind
hier auf Kyūshū, Nara dort
unterm Herbstmond noch.

Fern aus den Bergen
ein Streifen Abendsonne,
im Spätherbstregen.

Ins heiße Wasser
der Quelle mischen wir, pssst,
kaltes aus dem Hahn.

Wie Tusche ausfließt,
dunkelt mir der Himmel ein
auf dem leeren Blatt.

So kalt es auch sei:
Mond im offenen Fenster.
Noch kein Schnee ringsum.

Stadtbewohner

Jenseits der Gärten und Pagoden,
diesseits des Trubels
um die Tempel und die Schreine,
wo sie in die Hände klatschen
und der Hall des Gongs verweht,
von den Betenden geschlagen
mit Wünschen ohne Schuld und Reue,

gehen sie daran,
die Stille und das Dunkel,
die ihren Träumen nachgetrauert haben,
von neuem auszumerzen,
sobald der Morgen aufschießt
aus der Energie der Leuchtreklamen.

Könntest du sie einmal hören,
das Schweigen und die Mitternacht,
in den Bergen, in den Wäldern,
du könntest in der Frühe
den Frühtau tropfen hören,
tropf, tropf, tropf ins Moos.

Ein neues Blatt

Die Ahornblätter in Flammen
stehen so entgegen
dem Andrang der Zeit,
bis der Sturmwind sie verbrennt.

Die Ahnen ziehen leicht dahin
wie liebende Gedanken
im Rauch der Räucherstäbchen
derer, die nach ihnen kommen.

Flüchtig tuscht der Pinsel
in die Spur des Meisters.
Bewahre den Augenblick.
Vergehen wird das Beständige.

158754 in Nagasaki

Es ist nicht gut und kann nichts Schlechtes sein,
im kalten Wind vom Hafen her
durch diese alte Stadt zu gehen
und zu wissen: Alle Straßen, die du siehst,
all die Häuser, die zerschlissensten,
und alle Plätze, Poller, Haltestände
sind nach dem 9.8.1945, 11 Uhr 02 gebaut,
und das mit wenig Mitteln,
zu denen diese Vielen jeden Alters,
vom Amt sechsstellig so erfasst bis heute,
auch ihre Schatten drangaben.

Ziegelwerk

Die bleiernen blaugrauen Dachziegel,
die sich mit den Dächern senken
über spät versunkenen Reichen,
über Häusern nobel sinnierender Kaufleute,
während sie die Krieger und ihr Ansehen
auf dem Handelsweg besiegten,
und heute stehen beide unter Denkmalschutz:
ihre Rüstungen, Zierrat ihrer Helme,
ihre Masken, noch immer unbehaglich,
dem Todesschock geweiht, jetzt hinter Glas,
wo keine Grille sitzt und zirpt,
und die noch immer scharfen Schwerter,
ihre ausgeräumten Häuser, still gefegten Gärten,
ihre abgestaubten Warenlager und Kontoren,
die niedrigen Tische mit den Kladden,
immer auf denselben Seiten aufgeschlagen,
denen sie die Zahlen und Reserven anvertrauen.

Und wo sind die Kaiser geblieben, die vielen Kaiser?
In der eingedunkelten Geschichte,
mit dem Mond, der aufging und abnahm,
der seinen ausgeborgten Lichtschein glänzen ließ
auf den bleiernen blaugrauen Dachziegeln,
während die Dichter aus dem Weinhaus taumeln,
auf dem Fluss im überdachten Boot vorüber schwanken,
dieses Bild für alle bannen, die es lesen können,
in einem knapp gesetzten Band von Zeichen,
und Jahre später tuschen es die Maler
auf das Rollbild, das sie stempeln.

In welcher Rätselhaft erstarrt
ist das bleierne Blaugrau dieser Ziegel,
seit Jahrhunderten gebrannter Schauer,

der Schwung des Giebels angedient den Zeremonien,
dem Tanz in streng gezählten Schritten,
den geheimen Kammern hoher Staatsführung.
Üblich die Verbrechen wie die Strafen,
die Willkür des kaiserlichen Worts,
die ausgeklügelte Marter, ferne Schreie,
entsetzlich schwach zu hören
im Silberschimmer vieler Monde,
der Knabe vor der Mauer, das Gesicht
in ihrem ölgetränkten Schatten, der verbirgt,
ob er vor Grauen weint, ob er stumm auf Rache sinnt,
indes im Misstrauen aller gegen alle
das Reich zerfällt, die besten Köpfe huldigen dem Verrat.

Für eine Weile bin ich hier, davon zu lesen,
unter einem leicht zerbeulten Schirm aus Wachspapier,
nützlich gegen zu viel Licht, gegen Regenschauer,
von einer Dame minderen Rangs am Hof
aus zweiter Hand erworben,
wenn nicht aufs Freundlichste bereitgehalten
von den Frauen am Empfang des *Toko Hotels*
und wie Glasleim transparent,
um Tōkyōs Himmel mit mir mitzutragen.

Auf ihrem Posten

Sie steht erhöht
im Sonntagnachmittag
von Tōkyō Harajuku,
sie steht über dem Strom,
der die neuen Moden streift,
schwarze Stiefel
bis zum Knie,
sie steht für das Ende
der 55 Atomkraftwerke:
den Vorübertreibenden
eine Stimme mehr
im Schwang der Durchsagen,
eine Hand mehr, die austeilt,
was wer sehen will?
Rot markierte Felder
im Hochglanzkalender,
nächste Daten des Protests,
auch wieder hier
an dieser Straßenecke
der belebend vollen Läden
von Tōkyō Harajuku,
an einem Nachmittag
voll leerer Wahllokale.
Bis nächsten Sonntag!

10.000 Meter hoch

Blau ist eine Erscheinung
über dem scharfen Rand des Flügels,
eine Stunde nur entfernt
von der sibirischen Nacht.
Blau ist ein Zergehen,
wo es keinen Windhauch gibt
oder zu geben scheint,
aus dem Bordfenster gesehen,
einen Schluck näher dem All,
das mein Gedächtnis streift
in seiner grandiosen Stille,
seiner gleichen, gleich gültigen
Gleichgültigkeit gegen jeden,
alles und nichts.

Ab die Post!

Wie wir heute früh davongehastet sind,
um neun zur Station Oimachi,
von dort hinaus nach Seijogakuenmae,
knapp pünktlich in die Zahnarztpraxis,
dann nach Shimotakaido, ältere Geschwister,
vor Fernsehserien schon morgens,
im Park von Umegaoka eine Pause
mit Sushi aus der Schachtel,
lang der schmuck gefegte Weg zum Abfallsammelplatz,
Ueno ausgelassen unter diesem Himmelsgrau
und gleich zur Ginza hin,
heilig die Stockwerke von *Kyukyodō*,
für das Vergehen dort bezahlt, ihn zu verlieren,
und ihn neu gekauft, den Schreibstift,
nebenher schmückt er mir die Hand,
Klamotten und Musik aus Dosen
später im *Uniqlo* ertragen,
in Shinjuku bei *Tokyuhands*
ein Notizheft ausgesucht,
für Schüler, Zeilenabstand 7 mm,
gibt es auch enger, nichts für mich,
in Shibuya der Stoßzeit ausgeliefert,
mit dem Rücken voran wie andere auch
stumm durch die Tür gedrängt,
wer sitzt, nickt ein
oder küsst sein Smartphone mit den Augen,
in Gotanda einen Blick erhascht
auf das *Toko Hotel* aus dem geliebten Herbst,
noch einmal umgestiegen in Shinagawa
und auf dem Heimweg Osake gekauft in Oimachi,
offen bis Mitternacht.
Wir warten auf Sie,
falls eine Flasche nicht genügt,

wir sind lustig.
Auf den letzten Metern doch verlaufen
zwischen den Lichtern und den Bannern
vor den Läden und Lokalen,
das Restaurant entdeckt,
gestern nicht gefunden,
gegen zehn, den Becher voll mit Sake,
das Notizheft aufgeschlagen,
der neue Stift, und elegant
geglückt mit ihm der Schluss.
Welche Freude ist es doch zu altern!

Blüten

Sind die Kirschblüten verblüht,
gibt es keine Kirschen.
Schönheit ist nicht zum Essen,
das Essen aber wird schön,
wenn auf den Tellern abgestimmt
nach Farben, die einander schmecken.

Nach Norden

Nishinasumo

Die Stimmen der Frühlingsvögel
aus dem Lautsprecher
der kleinen Bahnstation,
exakt wiederholt im Minutentakt.
Wer wartet, sinnt ihren Namen nach,
herausgeschrieben
aus ihrer natürlichen Umgebung,
vom Blatt zu singen,
bis der Bummelzug sich nähert.

Bezirk Fukushima

Himmel bedeckt,
Hügelrücken im Dunst,

Felder noch unbestellt
oder immer noch.

In den leeren Straßen
ist ein Auto alles,

was mir auffällt,
so schön langsam,

wie es sich bewegt.

Matsushima

Die Wellen erschauern
im Wind aus Südost,

verrunzelte Bräute,
die es verweht,

bevor sie altern
und alles verstehen

vom Leben, vom Tod,
vom Beben, von der Flut.

Oh Ōshima

Die kleinen Statuen auf Ōshima,
verwittert und ergraut,
wen stellen sie noch dar?
Mensch, ärgere dich nicht.
Es fehlt an Farben,
und so klein werden sie sein
erst in Ewigkeit, die kommt.
Vergänglich die Bedürfnisse,
versteinert die Mönche,
und eines schönen Tages
stößt der Spaten auf sie,
pult die Hand eines Tauchers
sie aus Wasser und Sand,
ein Augenblick des Glücks,
vergessen all das Vergebliche.

Auf diesem Inselchen

Schräge Kiefern lehnen in den Tag,
wo nicht Sand, dort Fels,
in zehn Minuten abgeschritten.
Hier hat ein Mönch zwölf Jahre zugebracht
und 60.000 Mal das Lotus-Sutra aufgesagt,
Weltrekord, gewürdigt prompt vom Kaiser,
Wort für Wort für Wort in Richtung Paradies.

Ich brächte es auf keine Nacht.
Das Notizheft nützte, neu der Stift,
die Hütte aber fehlt, der Futon
oder eine Luftmatratze, Schlafsack.
Und du, wie würdest du mir fehlen!
Mögen andere sich ehren lassen,
sogar scharf drauf sein.

Jeder für sich

Könnte ich dem alten Meister begegnen,
hier auf dem schmalen Pfad,
ich würde ihm in die Augen blicken,
das gehört sich so, finde ich,
wir würden uns nicht verstehen,
aber dies auf friedfertige Weise.
Später will ich in seinen Haiku blättern,
er hätte anderes zu tun,
vielleicht neue Haiku hinzutuschen.
Wenn man's kann, ist es ein Blitz,
ein Stich mit Pinselhaaren.
Einsam sind die Kettendichter,
solange sie am Zug sind.
Ich bin so frei, ich halte inne,
mit den Badesachen vor der Tür
zum Quellenbad im alten Gasthaus.
Frühstück bis neun? Meinetwegen.
Check-out um zehn? Kein Problem.

Sei es darum

Noch nicht beigewohnt
dem Aufgang der Sonne
im Land der aufgehenden Sonne.
Mehrmals aufgelauert.
War aber immer um die Ecke.
Gibt es falsche Himmelsrichtungen?
Hier gibt es jedenfalls acht.
Einmal hätte ich mein Leben
riskieren müssen (samt ein paar Versen)
für ein paar Meter
auf dem Sims im zehnten Stockwerk.
Lieber fliege ich
noch einmal zwölf Stunden
durch die sibirische Nacht.
(Das kommt auch noch.)
Einmal waren die Häuser zu hoch
und sind nicht gewichen
wie vielleicht Alexander,
klar, der Große,
vor Diogenes im Fass.
Ist nicht überliefert.
Kennt man hier nicht.
Oder nicht zur Genüge.
Ich meine, kein Vorwurf,
wir lassen das so stehen,
aufgehende Sonne.

Sendai

Alles, was brennbar war
von den Trümmerbergen,
aufgeschichtet in der schweren Trauer
nach der großen Flutwelle,
wurde in den Verbrennungsanlagen,
eigens errichtet am zerstörten Strand
und rund um die Uhr in Betrieb,
in drei Jahren ohne Rest verbrannt.

Die Verbrennungsanlagen sind abgebaut.
Es war keine Frage der Schönheit.
Weder Zeugnis noch Museum.
Man legt hier keinen Wert
auf alte Bauten.
Was seinem Zweck gedient hat,
verschwindet oder wird ersetzt.
Auf Nimmerwiedersehen.

Zu singen, zu wollen

Träge die Fahrt auf dem Mogani-Fluss.
Werfen die Wellen sich auf,
patscht der Nachen aufs Wasser,
spritzt die Gischt an die Fenster,
hebt der Schiffer zu singen an:
Ich gehe dann nach Sakata,
du bleibe stark und widerstehe gar
dem Grippetod und salze Rettich ein.

Nie wieder höre ich ihn singen.
Ah, dieses Lied im Takt der Reiseführer,
wie salzig ist der Rettich schon!
Wer singt uns das? Wer singt, salzig
wie die See bei Sakata? O Sakata!
Wir kommen heute noch bis Sakata!

Ahnen gehen vor

Aus südlicher Richtung
kommt duftender Wind,
gedichtet vor tausend Jahren
hinter dem Meer im Westen.

Im Südtal hier dankbar für
den Duft nach Schnee:
Erfrischt hat er zwei alte Meister
auf halber Strecke.

Aus dem Westen treibt Neues:
kein Duft in Kisakata,
nur Luft, die singt vom Staub,
vom Feinstaub aus China.

Hände falten

Das Zwiegespräch hier
mit den verehrten Gottheiten
ist kurz wie ein Seufzer,
wie der Flug der Münzen
in den hölzernen Kasten,

wie das Klatschen der Hände,
der Stoß mit dem dicken Seil
gegen die Glocke, die nicht erklingt,
gegen den Gong, der nicht widerhallt
wie ein Schlag des Schicksals.

Jedem Wesen schenkt ihr
seine Gottheit, die mit ihm vergeht
in verseuchten Wassern, im Rumpeln der Erde,
auf der Matte, umringt von Klagenden,
ihr glücklichen Gläubigen!

Mit Pinsel und Tusche

Sich auszuruhen heißt,
ich schreibe Mensch und Baum.

Gelassen sein geht mir
mit den Zeichen Mensch und Herz,
statt Zucht und Krückstock.

Leben heißt zu leiden,
aber sterben heißt es auch.

Darum kommen sie herab
oder kehren um, die Bodhisattva,
so nahe schon an ihrem Ziel,

und wischen uns den Schweiß
vom letzten Traum, dem einzigen.

Richterskala

Dass man aus der Toilette
eines Hochseeschiffes tritt,
während es das zehnte Stockwerk ist
im Business-Hotel am Bahnhof,
dass der Boden schwankt
im Untergeschoss des Kaufhauses,
wo man günstig Udon-Nudeln isst,
dass der Holzschnitt an der Wand
von einem Zeitgenossen mit Geschmack
erzittert in der Zugluft,
ist ein Gefühl und kann dich trügen
wie der Traum vom Glück zu leben.
An der Kasse nickt die Frau zur Decke:
Erst wenn diese Lampe wackelt,
muss man sich Gedanken machen.
Und wir lachen mit.

Jahresring

Zuerst ist es das Weiß der Blüten,
dann ist es das Grün der Blätter,
der Gräser, des gefegten Mooses.

Schließlich steht der Ahorn in Flammen,
Reisigbesen wirbeln braune Blätter auf,
und am Ende ist es wieder das Weiß,

das stille Weiß, selteneres Weiß,
Flocke um Flocke, Blüte um Blüte.

Der alte Meister

Auf seiner nächsten Reise,
je nach Zählung der sechsten,
mittlerweile 51 Jahre alt,
erfährt er unterwegs vom Tod
der Geliebten, seiner Frau,
sonst nicht erwähnt,
die seine Kinder aufgezogen hat
und ohne ihn, den Aufbrüchigen,
der umkehrt, ins Heimatdorf zurück,
wo er beginnt zu kränkeln
im vierten Monat danach
und stirbt im fünften.
Auch er. Auch er.

Die Leute

Die Katastrophen,
die keiner voraussagen kann,
nehmen sie hin
wie die Katastrophen,
die sie selbst auslösen,
und räumen wieder auf
mit ihrem Sinn
für ausgeklügelt Praktisches
an allen Dingen,
die zu brauchen sind.

Was einen Schalter hat,
wird angeknipst.
Was brummen kann, brummt,
was rattern kann, rattert,
was summen kann, summt,
und was leuchten kann,
das leuchtet in den Morgen.

Ihre drei Schriften
gehören nicht zu dem,
was sie verloren geben
oder niederreißen, um es
von neuem einzubauen
in ihre fließende Welt.
Gilt auch für Schrift vier,
Buchstaben wie diesen hier.

Mundgerecht

Lassen wir den Regen sprechen,
damit auch wir etwas zu lauschen haben
in diesem trüben Gewäsch,
aufgesogen vom Dunst
in den diesigen Straßenschluchten,
ehe die Brise durchfährt
von der Tōkyō Bay herüber,
unerschöpflich wie die Waschmaschinen,
die täglich laufen und laufen müssen,
keine Feuchte ohne Schmutz
aus den eigenen Poren.

Außer dem Weg des Tees
und dem Weg überhaupt,
der nicht ausgesagt werden kann,
soll er beständig sein,
ist da Form und Regel,
sind da die weißen Atemmasken,
gehen da die Vermummten
ohne Wut zum Aufstand,
ohne fesselnde Religion.

Dunkles Augenpaar,
vergebliche Tiefe,
wo es an Wörtern fehlt,
sie ineinander zu fügen!
Ich nehme an mich,
was ich bezahlt habe,
und draußen ist es aufgeklart,
die Banner flattern vor den Läden,
den Fisch- und Nudelstätten.

Es ist an der Zeit,
mit zwei Stäbchen aus dem Sud
ein neues Wort zu fischen,
so viele Striche für Liebe.

Rote Blumen

Für mich notiert:
zwei rote Blumen
auf dem Einkaufszettel,
nach Milch und Wildbarsch,
Auberginen, Heidelbeeren
der fünfte Posten.
Es war die Saison dafür,
es war ihr letzter Zettel.
Vergessen hatte sie, auf Deutsch,
wie diese Blumen heißen.
Und wie lange sie noch leuchten
in der Vase aus dem fernsten Asien!
Es blieb ihr jüngstes Arrangement,
sie überließ es bald sich selbst
auf ihrem Weg zu der Station,
für die es keine Saison gibt.

Auf der Tafel

Ob es ihre liebsten Kleider sind
oder einfach, was zur Hand war,
sie genügen wie von ihr die schönsten.

Zwischen Blumen hinter Glas
ein Wesen, das vom Leben
ganz verlassen ist,

zum Augenschein für alle,
die noch vorbeigekommen sind,
wo die Stille um sie her

auf nichts mehr eine Antwort hat.

Und vor dem Wochenende noch
erlöscht ihr Name, ist gelöscht

auf der Tafel mit den Namen
der hier Aufgebahrten.

Gardinen

Die Gardinen hängen still
im ersten hellen Schein des Tages.

Sie hängen still zur Mittagszeit.

Die Gardinen hängen still,
wenn gegen sechs das Licht aufflammt,
automatisch eingestellt von ihr.

Die Gardinen hängen still,
das Licht erlöscht vor Mitternacht,
automatisch eingestellt von ihr.

Die Gardinen hängen still
im ersten hellen Schein des Tages.

Sie hängen in der Stille ihrer Wohnung,
still liegt noch immer
in der Küche auf dem unberührten Tisch

das schwarz umrahmte Inserat.

Drei Kalender

Auf dem Kalender in der Küche,
pünktlich Jahr um Jahr
geschickt zum neuen Jahr,
erglänzt ein Landschaftsbild
aus dem internationalen Fundus
an gepflegten Farbaufnahmen.
Eine Jahreszeit gilt immer,
in ihrer Küche ist es Frühling,
ist es der Monat Mai,
der den ganzen Sommer hängt,
den leuchtend langen Herbst.
Es ist Mai im Arbeitszimmer
mit dem Holzschnitt einer Regenfront
auf dem Kalender neben dem Computer,
längst getrennt vom Netz.
Es ist Mai ein Zimmer weiter,
auf dem kleinen fröhlichen Kalender,
einfach so von ihr dort hingehängt,
um leicht daran vorbeizugehen.
In allen Räumen ist es Mai,
nicht mehr umgeblättert
Ende Mai, noch im November.

Das Schneidebrett

Das Schneidebrett aus ihrem Schaft,
die Stiche, Ritzen, Risse,
Zerfasertes im Holz, im Küchendunst,
Schnittmuster einer Zubereitung
oder einer Fertigkeit, sie summte,
sang dazu, ein Wort zu jeder Jahreszeit,
ein Ausruf nur bei Missgeschicken!

Küchenabenteuer, Küchenwonnen,
was ewig wiederholbar war,
wird nicht ein Mal wiederkehren,
letzte Freuden, erste Müdigkeiten,
bald Erschöpfungen, die allerletzten,
und was darauf noch teilen?
Ich versuche dieses Brett zu lesen,
im Jenseits ihrer Lebensdaten
die eingekerbten Spuren ihrer Leiden.

Zwischen kalten Leuchten

Das Haus, wo sie nach ihrem Tod
zwei Nächte lag und einen Tag,
ist im Sommer nicht zu sehen
hinter einer Zeder, dem Ahorn
und der grün belaubten Wehr davor,

ist nicht zu sehen aus der Innenstadt,
das Fenster nicht zu sehen
ihres Zimmers, wo vor der Tür
zwei Nächte lang und einen Tag
die weiße Totenkerze brannte.

Und doch gibt es eine Stelle,
an einer Straße überm Fluss,
in dem wir oft geschwommen sind,
die Treppenstufen einer Kirche,
die wir nie betreten haben,

von wo das Haus sich zeigt:
im Glanz des Winterlichts ihr Fenster,
schwarz umrankt von nackten Zweigen
das helle Glas und gegen Abend,
zwischen kalten Leuchten, das dunkelste.

Oder im November

Für Winfried Stephan

Am Tageshimmel blass

Der Mond wird immer mehr sein
als ein grauer Brocken Gestein
hoch über den Häfen und Zollstationen.

Von ihm aus gesehen ist die Erde
eine Perle im Blau der Gammastrahlen,
ich suche keinen anderen Namen dafür.

Tagen ohne Sonne folgen sonnige Tage.
Vielen Antworten stellen wir die Fragen falsch,
vieles ist uns gewiss von dem,
was uns ereilen wird.

Der Mond wird dabei zuschauen
oder wir schauen vom Mond aus zu
und tun so, als ob,
als ob das hilft.

Kainszeichen

Die Kondensstreifen
quillen wieder und wieder auf
und so zergehen sie wieder
auf dem Gaumen des Himmels.

Aber das Blau dort oben
ist heute aus dem Band geschnitten,
mit dem Mörike uns grüßen lässt,
sagen wir mal, auf gut Glück.

Solche Aufbrüche stehen uns zu,
ich liebe sie sogar,
kleine verspielte Hymnen,
neue Jahreszeitentänze,

blau gestochen die Fabelwesen
auf entblößter Haut,
die Gott verschonen soll wie Kain,
Gott oder das Klima.

Wer den Frühling kennt

Was dir den Schweiß treibt,
ist nicht die Sonne im Mai,
die Heizung im Kaufhaus ist es,
dein Jagdrausch: letzte Sonderangebote,
alle Preise nochmals gesenkt,
nochmals 20% auf die sinkende Sonne,

um Platz zu schaffen
für die Frühjahrskollektion,
des Kaisers neueste Kleider,
das hatten wir schon,
und wer errät die nächsten Farben?

Eine Reise winkt in die Karibik,
und das für zwei, getraut oder nicht,
wenn Sie nur wiederkehren,
nur in die warmen Hosen schlüpfen
zur knöcheltiefen Herbstsaison.

Noch im April

Die Sonne kommt nun eine Stunde früher,
ein Zuschlag der Behörde auf den Kalender.

Soll die Liebe wiederkehren
in der Hitze dann des Mittags,
mein Standort sei der rechte Fleck
im Halbschatten später Jahre,

oder ich gehe noch einmal raus
aus mir und meinen Winterklamotten.
Das wäre doch gelacht, gelacht wie zuletzt.

Lyrik zum Lernen

Seit Jahren nehme ich mir vor,
ein für alle Mal herauszufinden,
wann die Eisheiligen kommen
und wie viele es sind
und danach die Kalte Sophie.

Ich bräuchte nur ins Internet zu gehen,
ich könnte es im Sitzen tun,
das können praktisch alle,
und es wird mir doch nichts nützen,
nicht aus Missachtung der Masse,
deren Zahl mir kein Frevel ist,
wo ich da mitgezählt bin,

nein, ich behalte nur schlecht,
was ich aus dem Internet fische,
ich behalte aber, wer endlich sich
in seinem Gedicht mir zeigt
zwischen dem 11. und 15. Mai:
Mamertus, Servaz, Bonifaz, Pankraz
und danach die Kalte Sophie.

Ist der Vers gefügt
vom Dichter und vom Setzer,
durchgewinkt vom Lektor und Korrektor
ins hintere Regal des alten Buchladens,
der bald schließen wird
mit einem Apéro und allem
zum halben Preis: ich habe gelernt,
wie Heilige heißen, ich,
der Gebildeten einer, einer von euch,
so viele Heilige hatten ein Leben zuvor,
blutjunge Himmelsstürmer.

Farben

Wenn die Sehnsucht aufkommt
nach einem staubigen Weg
zwischen unweigerlich grünen Narben Gras,

dann ist das Jahr längst unterwegs,
und fast schon zu schmecken
sind die Farben des Sommers

auf der nassen Zunge:
Sie schleckt Orange, Kirschrot,
das Gelb des Zitronenfalters,

ein Blau, das sich selber grüßt
im offenen Auge des Sees,
und vollzählig leuchten die Farben,

wie sie sich spannen
von keinem Ende zum andern
des Regenbogens.

Samstagabends

Unterm Busch des Holunders hindurch,
über den flachgetretenen Zaun,
durch die Schneise im Unterholz,
schon ist der erste Gong verhallt!

Geschwind zum Ring mit den Seilen,
selbst wenn der Sieger feststeht
über die spesenfreien Amateure
dieses lange haltenden Sommers.

Die schwirrenden Mücken im Lampenlicht!
Die glänzenden Arme, die Bizepse!
Ich bin ein Kind und mache die Augen zu
bei jedem Schlag auf ein poliertes Kinn.

Ballade aus dem Innenhof

In den Innenhöfen meines Lebens
hat nie eine Linde gestanden,
hie und da hing schütteres Gezweig:
eine einzige Klage über das Dämmerlicht,
vier Jahreszeiten lang,
und wo es eine Kastanie war,
dort war es der Stolz
des einsamen Kerls am Fenster,
fern der blechversehrten Alleen.

Nur einmal war es ein Rasenstück,
wilder Wein an den Mauern,
Hortensien neben den Haustüren,
hohe, am Dachkandel rührende Robinien,
jeden Abend besetzt von Spatzen
und ihrem dreisten Zwitschern,
das die Frau von nebenan
jeden Abend zu vertreiben suchte
durch den Knall,
mit dem das eine Telefonbuch
der Millionenstadt
auf das zweite Telefonbuch kracht.

Kaum kehrt die Frau sich ab
vom Hof und von mir am Fenster,
vom Rasen, den Hortensien,
dem rot sich färbenden Wein,
den vielfältig stolzen Robinien,
schon stürzt es wieder herein,
das ganze Spatzengesindel,
der schrecklich schrille, jedes Ohr
frech und frei betäubende Chor.

Sonnenbläschen

Sommers ermüden die Fragen,
die Antworten irren durch die Gassen,
Hunde, die auf keinen Namen hören,

Kinder halten ihnen was hin,
das nach Futter aussieht,
frisch gepresste Kekse und Lakritze,

das Liebste ist ihnen gut genug,
sie haben noch viel zu lernen
und lernen es glatt mit links.

Schreiber im Nebenberuf

Am Vortag gemachte Meinungen
in klare Voten gefasst.
Beim Abstimmen meine Stimme
stets für mich behalten.
Mittags in der Pause
umsonst nach einer Bank gesucht
für ein Schläfchen im Freien.

Schwätzer habe ich verewigt
und gewiefte Redner, offen
den Banken und Schneekanonen,
auch ich habe Bleibendes geschaffen,
Session um Session gelauscht
der Langeweile bedeckter Interessen,
der Geltung des gesprochenen Worts.

Während die Friedhofsbauarbeiter
das Grab des Dichters räumen,
sage ich adieu den Archiven des Künftigen
und ihren alternden Tonträgern.
Die Sitzung ist geschlossen.
Was auf Anhieb gelingt, erfreut.
Zügig sein, nicht hetzen, das bringt's.

Noch eine Weile

warten auf den Herbst
ist eine schöne Tatenlosigkeit,
um mir die Tage einzuteilen.
Ich verpasse nichts,
wenn ich schon früher da bin,

eigens um zu sehen,
wie du auf mich zukommen wirst
und dein zielloser Blick
mir ins Auge sinkt,

während der Herbst noch eine Weile
Zeit verstreichen lässt
auf dem Kalender des Feinkostladens,
der Ende Sommer aufwarten wird
mit noblen Dosen und Oliven wie Etüden.

Herbst kann kommen

Krähen queren die Alleen,
Grau durchrieselt die Steine,
Gräber, kürzlich aufgeworfen,
Kreuze im dunklen Grund der Zeit
halten die Stellung,
die niemand mehr angreift.

Das Wahllokal im Bahnhof
ist noch bis Mittag offen,
das Trinklokal nicht mal
bis Mitternacht.
Der Herbst wird eine freche Melodie,
gespielt auf einer schrägen Saite
vom Bettelmusikanten aus Südostost.

Wenn die Stadtgärtner
das Laub in ihre Säcke blasen,
ist nichts zu hören als ihr Gebläse,
bis ein Auspuff knallt
und die Krähen aus den Platanen stieben,
sich zu erhalten ihre Übersicht.

Oktobergold

Jahr für Jahr gelingt es ihm,
den Winter fern der Tür zu halten
meines Kleiderschranks,
nur soll es nicht für immer sein.

Vom flammend gelben Ginkgobaum
fallen die weichen Nüsse ab,
verschmäht von Ahnungslosen,
der Stadtgärtner wischt sie zum Dreck.

Die vollen Kisten der Supermärkte
frischen ihre internationalen Farben auf,
du darfst mal davon kosten,
und bittersüß zerschmilzt,
vom Löffel gelutscht,
das bleiche Rosa der Hortensie.

Die Gipfel der höheren Berge
hören nicht auf, den Winter zu grüßen
mit ihren weißen Mützen, eisig aufbehalten
aus Gewohnheit und purer Routine,
mit der es bald vorbei sein wird.

Oder im November

Die Dahlien stehen und die Astern
in den Regalen der Gartenzentren,
die schleppend erblühten Chrysanthemen
bieten sich wie Strohblumen an,
ihr Rascheln kitzelt bis Silvester.

Die ersten feuchten Abende
senken sich in die Straßen,
die Batterien sirren
der Autos mir bis ins Blut,
Schirme schwanken, als ob wir wüssten,
wen sie retten sollen,
während die Kommissionen tagen.

Irgendwer steht immer daneben,
irgendwer stiehlt sich davon
ins Gemeinschaftszimmer,
wo es den Blumen an Wasser fehlt,
Zinnien, falls ich richtig sehe,
Zinnien oder Strohblumen.

Ein Wissen

Die wehen Gedanken an das täglich wache Fleisch,
wie der Herbst sie mit sich zieht,

die verführerischen Farben,
die sich ins graue Viertel mischen der Stadt,

bevor der Winter auf seine strahlende Art
das Skelett der Bäume beim Spielplatz
mit Kohle glanzvoll umreißt.

In den weiten Leeren dazwischen
hält sich die späte Liebe zum Herbst,

wo so still die Netze funkeln
der Spinnen vom Tau auf dem Gesträuch,
der Dichter wusste den Namen dafür.

Weiß wie Eis

Du streifst allein
durch heimliche Gassen,
und alle Fensterläden sind geschlossen.

Du gehst allein
am Rand des leblosen Schneefelds,
kein Auto weit und breit,
im hohen Nebel die Sonne weiß wie Eis.

Etwas hilft dir von früher,
das angewärmte Hemd beim Herd,
wenn du dich im Märchen fühlst:
Ich war einmal »mutterseelenallein«.

Nachkrieg

Der Deckel bleibt drauf,
was Hitze ist, entweicht
mit einem Gezisch,
alle Zeichen stehen auf Vorsicht,
und grummelnd verschwindet,
was Hunger war, in fernen Tagen:

Als wir Kohldampf schoben,
als wir Schulbuben
nicht in der Schule lernten,
was das heißen sollte:
Kohldampf! Kohl und Dampf!

Vom Löffel rutscht der Lebertran,
ich bin der Einzige in meiner Klasse,
der das gerne schluckt
im frühen Dampf in der Küche,
Gaumenöl und Meeresferne.

Gassenhauer

Die Pferdeäpfel auf dem Kopfsteinpflaster,
das unter dem Asphalt verschwunden ist,
der Nachbar schaufelt sie in seinen Zuber,
Ersprießliches für seinen Schrebergarten.

An Fastnacht drohen Überfälle
von Cowboys in billigen Pullovern,
kleine dicke Buben schleichen vorbei,
ihr letzter Wille: eine Frau mit Brille.

Ich bin in einem Alter, von dem ich damals
ferner war als der Sputnik von der Erde
auf seinen ersten Runden in den Winter
über den Städten und gerodeten Feldern.

Später kehren die Männer vom Mond zurück,
und viele Jahre später kehrst du zurück,
dorthin, wo niemand lebend ankommt,
nicht ein einziges Funkenmariechen.

Was ich heute schon getan habe

In der Straßenbahn gekifft,
die Kippe in der Schachtel qualmte noch,
als der Fahrer nach hinten kommt.

Vergebens Gutscheine ausgeteilt
für einen »Anlass« mit Tombola,
den kein Knochen interessiert.

Die letzten Scherben aufs Blech gefegt,
nicht gewusst, wohin mit dem Zeug
und erst mal in die Mittagspause gegangen.

Einen Schulfreund vorausgeschickt
zum Klassentreffen,
wo er garantiert keinen kennt,
doch war er nie um eine Antwort verlegen.

Will hier niemand einen Gutschein?
Wie kriege ich die Dinger sonst los?

Ein paar junge Leute verfolgt,
um sie aufs Grausamste zu misshandeln,
zum Glück hüpfen sie mir davon,
die muntersten Rehe auf dem Schnee.

Mit einer gebildeten Frau
aus der Badewanne gestiegen
und ihre Anmut bewundert
bei ihrem Tanz mit dem Kosmetiktuch.

Unter ihren nassen Haaren
wollte sie mal schön obszön sein
und das war sie dann auch.

Wer will, kann alle Gutscheine haben,
gültig für jede Jahreszeit,
außer Weihnachten.

Föhn

Heute wären die Schneemänner geschmolzen,
hätten die Kinder Schneemänner gebaut.
Nein, sie haben lieber zugeschaut
im Fernsehen auf ihrem Zimmer,

wie der Kunstschnee leise rieselt
vor dem kleinen Fenster im Souterrain,
in dem die Schatten von Vater und Mutter
zum ersten Kuss ineinanderschmelzen.

Vom Zweig geschnitten

Für Naomi Mihara

Fahle Tragfläche
Die Sonne früh zu grüßen
Hellt den Grüntee auf
Zu allen Jahreszeiten
Über den Wolken dies Blau

Weiches Wasser heiß
Auf den ersten Beutel Tee
Weich im Würfel Eis
Weich im Bad der nackten Männer
Weich nachts aus dem Zahnputzglas

Dass der Taifun kommt
Füllt die Straßen mit Alarm
Morgen nicht ausgehn!
Zwei Regenmäntel? Nur noch
Übergrößen zu haben!

Einer wagt es noch
Unterm Schirm aus dem Hotel
Und stürzt schon zurück
Mit einem Rest an Kielen
Zwischen nassen Fetzen Stoff

Am Morgen darauf
Wartet wieder das Taxi
Die Tür steht offen
Am angestammten Platz
Fremde nutzen Netzkarten

Hinauf im Fahrstuhl
Das gelbe Blatt vom Ginkgobaum
Hinab und hinauf
Aber nein! Der neue Mann
Am Empfang hat es erspäht

Wer eintritt betet
Nur schon aus Höflichkeit
Buddha lauscht allen
Hast du Wünsche? Dann sieh zu
Buddha spürt längst keine mehr

Du bist der Letzte
Deiner Evolution
Nutze die Chance
Dein nächstes Leben wird hart
Entschwinde ins Nirwana

Auf den Hauptstraßen
Die Ruhe der Eilenden
Gleichmaß an Tempo
Abends im Strom der Kunden
Der aus den Kaufhäusern fließt

Enorm die Vielfalt
An Kleidern: keine Mode
Findet Mitläufer
Alle Moden sind schon da
Von vorgestern bis morgen

Das bunte Bento
Ist eher für das Auge
Als für den Gaumen
Drin stochernd am Zugfenster
Entzieht mir das Land den Blick

Mitten im Reisfeld
Ein Getränkeautomat
Scharf zu scheiden
Schafft erst die Kontraste
Den Mischmasch des Jetzigen

Vorhänge Tücher
Hinter geriffeltem Glas
Dachziegel glänzen
Schwarz blaugrau und braun glasiert
Immer wie nach dem Regen

Vier junge Frauen
Bringen lächelnd den Kaffee
Bei größtem Ansturm
Unbezahlten Mondphasen
In der Stille vorm Taifun

Die treuen Fahrer
Von Taxis Bahn und Bussen
Am Lenkrad leuchtet
Das Weiß ihrer Handschuhe
Die Farbe ihres Stolzes

Kühne Reisende
Tragen weiße Anzüge
Einen breiten Hut
Mit rechts den schmalen Koffer
Links die Ledertasche: Lafcadio!

Die sanften Reiher
Die schlanken blendend weißen
In feuchten Feldern
Schlafen sie auf einem Bein?
Wohin fliegen sie zum Sterben?

Die reife Kaki
Mit extra scharfer Schere
Vom Zweig geschnitten
Ihr Gelb in der fernen Hand
Spüre ich leuchten in mir

Amtliche Vorsicht
Wegen Taifun und Erdrutsch
Fallen Züge aus
Umgelenkt ins Landesinnere
Bleiben wir auf der Strecke

Es dunkelt um sechs
Jenseits der nassen Autobahn
Brennt kaum ein Licht
Über schwingenden Dächern
Finster wuchernde Wälder

Vom Taifun zerpflückt
Stehen die Hügelkuppen
Gekrümmt ihr Grün
An Felswänden da und dort
Leitern ins Nirgendwo

Sehr sehr ehrwürdig
Der alte Sushimeister
Erfahrung weist ab?
Können macht hochmütig?
Fröhlich hilft er bestellen

Sonntag in Hagi
Unverhofft leere Straßen
Händler längst bankrott
Geköpft der Visionär
Sein Mut wird im Schrein verehrt

Glücklich in Japan
Freundlich gesinnte Geister
Die Luft schmeckt nach Tee
Heißes Wasser labt die Sinne
Zu bleiben gehört sich nicht

Die Verpackungen
Lassen sich so leicht öffnen
Auch die vertrackten
Wie ein blitzendes Kettchen
Voll von ertauchten Perlen

Oh Hiroshima
Heute die neueste Stadt
Ergraut die Fotos
Bescheiden die Zeugnisse
Jenseits der Gedenkstätte

Darum sich quälen
In der Stadt Hiroshima
Mit ihren Flüssen:
Meerwärts geflossen der Schmerz
Und bleibt und bleibt im Fließen

Hier in diesem Park
Wohin sie geflohen sind
Um doch zu sterben
Grünen die Bäume das Moos
Schau! Das schmucke Hochzeitspaar!

Tag für Tag ins Bad
Nicht gering nicht schmutzig sein
Man will verehren
In den Schrein tritt man nicht ein
Auf den Fuji steigt man nicht

Uralt die Zedern
Aber immer frisch der Wind
Der in ihnen rauscht
So baut man auch die Schreine
Alle zwanzig Jahre neu

Es war ernst gemeint
Du sollst nicht fremde Götter
Neben mir haben
Gebot aus Blut und Galle
Je gehört aus Buddhas Mund?

Kaiser schneiden Reis
Friedliche Zeremonie
In Weiß Rot und Grün
Die Sonnengöttin nie verjagt
Wie Athene Arthemis

Wieder und wieder
Warnschilder vor Gefahren
Der dämlichsten Art
Die Katastrophen allen
Dir und mir das Missgeschick

Jedem Berufsstand
Zu jeder Beschäftigung
Eine Uniform
Auch wenn sie nicht immer passt
Zügig trägt sie den Träger

Zum Wetter soviel:
Heute trocknet die Wäsche
Doch der Schirm soll mit!
Das Rot der Ahornbäume
Zieht den Herbst auf den Bildschirm

Kenner sagen es
Tempura sind nicht frittiert
Sind ein Traum aus Teig
Sind ein Hauch sind fast ein Nichts
So das Papier im Klosett

Im Kosmetikshop
Kichern sie in einem fort
Die großen Mädchen
Alles fassen sie an
Doch nur mit einem Finger

Dennoch zu spüren
Hinter der Abendschwärze
Verhüllt vor allen
Sein erhebendes Dasein
Der nahe Fuji so fern

Im Friseursalon
Kommt eine Freundin hinzu
Jetzt wird viel gelacht
Der Damenfriseur nimmt mich
Auch dran: Was krümmt sich mein Haar!

Die toten Fische
Gepriesen als lebende
So frisch sind sie noch
Werke heimischer Kochkunst
Dekorieren die Teller

Das Zinnoberrot
Der Schreine sei wie das Rot
Der Ahornbäume?
Selbst an diesem Hochherbsttag
Nur durch die Sonnenbrille!

Seven eleven
Direkt neben dem Hotel
Immer brennt dort Licht
Immer winkt wer zur Kasse
Des ewigen Supermarkts

Glanz des Packpapiers
Der Stolz aller Hersteller
Wie hübsch verpackt
So viel Sorgfalt und umsonst
Sei ein höflicher Käufer

Die Sonne steigt hoch
Durch den Vorhang wird es hell
Im schmalen Zimmer
Das gut siebenhundert Mal
In diese Bettenburg passt

Ob Tag ob Abend
Das Fenster lässt sich kippen
Aber mehr auch nicht
Keinem Gast soll es dienen
Auf dem Asphalt zu sterben

Vor allen Bäumen
Bevorzugt sind die Kiefern
Sie können warten
Sie teilen das gleiche Verb
Mit so vielen Liebenden

Dann wieder westwärts!
Den Gegenwind spürst du noch
Auf engstem Sitz
Im Rücken läuft dir ein Film
Zehntausend Meter hoch nach

Jetzt schon Weihnachtsbier
In den Kneipen der Altstadt
Manchmal ein Duft noch
Von Wäsche auf Balkonen
Wo bunte Banner flattern

Während ich warte
Dass du neben mir erwachst
Dein Bein auf meinem
Träumst du von Kiefern und uns
Vor ihnen im Oktober

Im Dunkeln rein

Für Hugo Dittberner

Husten und Schneuzen
Die nassen Blätter rutschen
Unter die Reifen
Du mühst dich fort im Sattel
Hebe ab in die Lüfte!

Weit unten Wolken
Ein reines Blau färbt sie weiß
Keine rührt sich weg
Mir auf dem Knie mein Leitstern
Jetzt zählen alle Silben

Der Sonn' entgegen
Wann hab ich das gelesen
Wenn nicht gesungen?
Wie früh hat es eingesetzt
So bewegt zu sein im Jetzt!

Zwischen den Häusern
Schmale und schmalste Gärten
Dazu Werkstätten
Hier arbeiten sie und dort
Die Natur gibt sehr viel auf

Regen und Beben
Schwere Wellen her vom Meer
Die Natur legt vor
Aus den Wetterprognosen
Melden sich Katastrophen

Kleine Frau im Ohr
Wer dort an der Ampel spricht
Ist immer weiblich
Stimmen sind mit unterwegs
Stimmen die nichts befehlen

Hohe Statuen
Halb verborgen im Dämmer
Heiliger Hallen
Nicht Experten sind gefragt
Kommt zu uns ihr Ahnenden!

Es kostet Eintritt
So glanzvoll sind die Tempel
Mehr als Museen
Löse vom Fuß dir den Schuh
Um dich her wird gebetet

Im Schloss des Kriegsherrn
Darf der Boden nicht ächzen
Jeder Schritt von mir
Löst noch feines Fiepsen aus
Durch Nadeln unter dem Holz

Von kühnen Kriegern
Vorgeladen zum Schlossherrn
Nun im Museum
Zwitscherte ein jeder Schritt
Auch nach dem Todesurteil

Was der Luxus soll?
Uns trennen von der Natur
Und von der Arbeit
Akkus kühlen die Hitze
Elektrisch wärmt das Feuer

Vor dem Kaufhaustor
Rötet Sonne die Kugeln
Eines Weihnachtsbaums
Gilt das Jahreszeitenwort?
Ist erst Anfang November!

Dieser Pavillon
Schwebt in seinem feinen Glanz
Golden wie sonst noch
Das Reine Land von Buddha
Ein Lockruf für Gierige

Was ergreift mich so?
Abenddämmerung im Herbst
Still erstirbt der Tag
Das Dorf dreht früh ins Dunkel
Abenddämmerung im Herbst

Zwischen Meer und Meer
Ein breiter Streifen aus Sand
Wartende Kiefern
Mit ihnen sehne ich mich
Nach Hiroshiges Holzschnitt

Abends um halb sechs
Aus sämtlichen Lautsprechern
Dieses Kinderlied
Auch die Alten horchen auf
Es ist Zeit heimzugehen

Mindestens zu zweit
Warten sie hinter Schaltern
Auf Unkundige
Ihr Lohn soll kümmerlich sein
Hilft kaum wie sie uns helfen

Gut Jahrzehnte alt
Kaum lässt sich darin schreiben
Rumpelnde Züge
Und dennoch pünktlich pünktlich
Vom ersten Vers zum letzten

Bevor dein Tod kommt
Noch einmal Brennholz holen
Die Tusche mischen
Dem Hauch der Stille lauschen
Das schwarze Licht beschriften

Die Kunst zu ehren
Die mir mein Leben erschloss
Fand ich bis hierher
Zum See der acht Gesichter!
Ah tausendarmig Buddha!

Vorbild war China
Der Landstrich beim Dongting-See
Mit acht Ansichten
Sichtbar wird Unsichtbares
Zu Sehendes leuchtet auf

Verse zum Bauen
Fügen richten und zählen
Hier fehlt eine Silbe
Hier ist eine zu viel
Nichts zu künden für Musen

Klimaanlagen
Kühlen noch im November
Das Speiselokal:
Von der windigen Straße
Ins Innere der Zugluft

Wie schick der Kaiser
Beige sein Übergangsmantel
Schick die Kaiserin
Bild der neuen Zeitrechnung
Die Geschäfte halten durch

Zwei kleine Kugeln
Hält das Kaiserpaar von sich
Weiße Lampions
Ein sachtes Wiegen Wippen
Etwas Licht und nichts was droht

Nun mit Diadem
Ausfahrt mit offenem Dach
Fein herausgeschält
Der Diener in Rente weint
Kennt den Kaiser von Kind an

Brav in der Menge
Hat sie gleich beide erfasst
Vom jungen Thronpaar
Mit ihrem neuen Smartphone
Diese Überglückliche!

Die zwei Kellner
Sehen aus wie Strandräuber
Wenn nicht Piraten
Und nehmen nicht mal Trinkgeld
Verbeugen sich in der Tür

Sie mögen nicht Grau
Sie färben ihre Haare
Schwarz ihr Leben lang
Selbst in hohem Alter noch
Haben sie die Haare schön

Auf ihre Art rund
Nennt die Firma sie Kirsche
Die Rolle im Klo
Hauchzart zwischen Haut und Haut
Blütenblattdünn ihr Papier

Auf heiligem Berg
Die Entbehrungen von einst
Kalt der Gipfelhauch
Um vier wird die Schlange lang
Vor dem Maroni-Röster

Der heilige Berg
Einst ein Ort für Strapazen
In dünnen Kutten
Zugluft durch den Haupttempel
Eisig das Bild der Stellwand

Feiner Schellenklang
Durchwirkt das Licht der Kerzen
Singsang des Mantra
Die göttlichen Statuen
Nehmen ihn gelassen auf

Kann ich es teilen?
Wer die Welt erschaffen hat
Buddha war es nicht
Will nur die Leiden lindern
Auf dieser Welt zu weilen

Was auch immer hier
Im Tempel zu ehren harrt
Wie fremd es auch bleibt:
Kaum ergriffen vor Ehrfurcht
Ergreift mich doch sein Friede

Wie sie halt fallen
Jährlich die Feste feiern
Bald ist es Weihnacht
Voll Entzücken lockt der Kitsch
Nikolaus als Schneewittchen

Von einem Fahrstuhl
Umsteigen in den nächsten
Hinauf mit Eile
Denn es gibt noch ein Leben
Auf den höchsten Etagen

Dem Kaiser gebührt
Die Feier im Shintōschrein
Bis um drei Uhr nachts
Aufbleiben müssen wir nicht
Keinem wird alles gezeigt

Dieses Shintōfest
Kostet Millionen
An Steuergeldern
Und kommt nicht im Fernsehen
Manches wird im Dunkeln rein

Weiter und weiter
Von Neuem die Koffer gepackt
Hin zum nächsten Ort
Hier haben wir es gesucht
Dort werden wir es finden

Hab sie gesehen
Die Walt-Disney-Gesichter
Der schönsten Frauen
Die hold geschminkten Wesen
Ihr Lachen wenn unter sich

Schulter an Schulter
Vorsicht vor zu viel Feuer
Eng stehn sie beisamm
Enger als im Fahrstuhl noch
Die Raucher auf dem Bahnsteig

Die kurzen Lieder
Was von früh an Tanka sind
Schrieben die Dichter
In Herbergen Bergklausen
Ein Luxus nur des Geistes

Früh aus den Federn
Das Buch in den Outdoorsack
Bald sehen wir sie
»Die Tänzerin von Izu«
Den Schauplatz! Den Hintergrund!

In jedem Kaufhaus
Geklapper und Gedröhne
Stille nirgendwo
Nicht im Bahnhof nicht davor
Allen zum Schutz: Klingklangkling

Die Straße ist frei
Nach Sturmböen Erdrutschen
Bis zum Ashi-See
Der Himmel schimmert im Dunst
Vom Blau beseelt der Fuji

Wo ist der Friseur?
Nur das Foto des Toten
Im Friseursalon
Die Witwe führt die Schere
Mein Haar zu welk für Wellen

Im Parfümabteil
Hängt ein rosa Christbaum voll
Mit Lippenstiften
Sind auch als Pinsel praktisch
Merry Christmas in Kussecht

Noch die eine Nacht
Das Schreibheft mit in den Schlaf
Für fünf Verse nur
Sie wollen mir nicht kommen
Sind zum Pistenstart zurück

Was für ein Geleit!
Wann wird der Abschied enden?
Zwischen den Rändern
Von Tragfläche und Fenster
Verblasst der Fuji Fuji

Nachts um zwei hellwach
Nach der Auszeit in der Luft
Will es nicht weichen
Das Rollen von Bild zu Bild
Das noch Ungesehene

Auf dem Kopfkissen
Deine Haare mir am Ohr
Im Dunkel des Flurs
Mein Koffer neben deinem
Sonne über dem Ostberg

Schmetterlinge

Ob Sommervögel oder Sonnenvögel
Milchdiebe oder Butterfliegen
Zum Reimen sind sie kleiner Stoff

Die Griechen grüßten so
Die Seelen ihrer Toten
Die Schmetterlinge!

Fern in China zwei Verliebte
Wie sie umeinander flattern
Die Schmetterlinge

Irrlichternd hin und fort:
Mal hier mal wann
mal dann mal dort!

Aus kleinem Stoff gereimt im Off

Diesiger Tag

Im Hinterzimmer dieses Ladens an der Ecke
Wo ich unterwegs zur Schule stets vorbeikam
Ein Fuchs aus Plüsch gebleicht im Fenster
Des kleinen Tabakladens Schreibwarenladens

Im Hinterzimmer dieses Ladens sitzen sie
Den Umstand zu bereden seines frühen Todes
Der Hergang gibt zu klagen eines solchen Todes
Das Leid der Eltern was ist Gott und wer sind sie

Ich warte draußen draußen warte ich worauf
Ich weiß von keiner Chance neu zu hoffen
Ich weiß von keinem andern Weg zu gehen
Ich weiß es ist die Schule aus für immer aus

Pinselgedicht

Was mir die Zeit ist?
Ein Sommertag im Gras
Hinter dem Tempel
Und das Glöckchen dort so fein
Dass es mich nicht weckt

Husky

soll ihr Künstlername werden,
weil sie Hunde gern hat
und auch den Veteran
aus einem der letzten Stellvertreterkriege,
der einen Zwinger gebaut hat für Huskys
und aufkommt für ihr Gnadenbrot.
Und weil sie aufgewachsen ist
auf einem Bauernhof mit kaputten Ställen,
jetzt geschlossen von der Hygienepolizei.

In der Schule war Erdkunde ihr Fach,
so viele Länder wollte sie sehen,
viele Städte, wäre sie erst auf Tournee.
Tōkyō ist ihre Lieblingsstadt,
und wann immer sie Zeit hätte
zwischen ihren umjubelten Auftritten,
würde sie nach Tōkyō fliegen
und einfach dort sein.

Sie hat compact discs verkauft
von allen freien Labels, vorher Badeartikel,
sie spielt Gitarre und Schlagzeug,
sie ist prima drauf.
Einmal stieg sie bei *Laura's Sisters* ein,
zusammen rockten sie den Kursaal.
Sie wird ihre Herkunft nicht verraten,
nicht ihre Träume drangeben,
auch wenn es keine compact discs
mehr zu verkaufen gibt
und *Laura's Sisters* tempi passati sind.

Vorhin sah ich sie im Stadtwald
seine Huskys ausführen, paarweise,
sie hatte die vier im Griff.
Hinreißend, wie sie letzten Herbst
»It won't be long« gesungen hat,
mit ihrer rauchigen Stimme
Überraschungsgast in einer Band,
die richtig nie zusammenfand, o Husky.

Sternwärts ist okay

Soll ich von den Sternen
So etwas wie Wahrheit erwarten
Vielleicht nicht die ganze
Vielleicht nicht die meine
Ein Zipfel Wahrheit wenigstens?
Blicke ich vom Schreibheft auf
Werfen die Sterne ihren glimmenden Blick zurück
Ins Dunkel hinter meinem Rücken

Was sich am Himmel hält
An Glücksversprechen Charakterschwächen
Wird nicht für mich bestimmt sein
Darin bleibe ich bescheiden
Wie die Wurzelbürste
Im völlig leeren Haushaltsbereich
Und nie würde sich sein Leiter
An ein frühes Ende gewöhnen
Seines geschäftlichen Lebens
Aber manchmal ist das die Wahrheit
Meinetwegen die ganze

Ich wollte ich säße im Kino
Blieben die Kinos nicht geschlossen
Aus Angst vor Viren und ihren Mutanten
Die sich durch das Dunkel stehlen
Zwischen uns Liebhaber filmischer Abenteuer
Ausgewählte Sterne und Sternchen
Vorne auf der Leinwand
Sollen sie uns doch glücklich machen
Dass sie mich verderben könnten
Werde ich ihnen niemals glauben

In g-Moll

Auf einmal stehe ich in dieser fremden Diele
Vor der eigens eingeräumten Nische im Regal
Das Säulchen Rauch ist dünner noch
Als das schwarze Räucherstäbchen
Ummantelt von den Bildern des toten Malers
In die sich dunkle Farben schmiegen
Nachtblau über fahlem Sandbraun
Glühend die Quadrate in der Fassade aus Schwarz
Wache Einsamkeit vor seiner Staffelei

Es ist Jahre her all das ist Jahre her
In Zürich schleppen wir seinen Kontrabass aus dem Bahnhof
Und lassen die Münze im Gepäckwagen stecken
Für den obdachlosen Sammler kitzligster Reichtümer
Dem wir zurückwinken auf unserem Weg zur Limmat
Wie sie durch den ersten Satz des Grünen Heinrich fließt
Und tief hinaus in die Waldseligkeit
In die kargen Ateliers der romantischen Künstler
Die heute mit schwarzen Verstärkerkisten antreten
Und rätselhaft verlöteten Innereien
Unverlässliche Partner aus Holz
Wenn wir sie brauchen zum Auftakt zum Vorstoß
Zum lockeren Ansturm auf die Schipfe
Und ihre kühne Galerie für Kunst und Lyrik
Schon bin ich mittendrin und spreche meine Verse
In die ausgestellte Blätterwelt des toten Malers
Sein Kontrabass treibt meine Wörter vorwärts
Unerfüllbar blau flattern seine Bilder von den Wänden
Und mein Gedicht hebt sich ohne Kabel fort
Unter Strom auch ohne Strom

Es ist die Zeit der wächsernen Rosen
Es ist die Rose der wächsernen Zeit
Es ist das Wachs der rosigen Zeiten
Im Innern steigen Wärmequellen hoch
Die Visionen nehmen an Tiefenschärfe zu
Kunst ist etwas Wahres aber nicht die Wahrheit
Kunst entsteigt dem Wegwerfbecher
Ist nichts anderes zur Hand
Ein Kopf kann in eine Teekanne passen
Wenn sie ganz aus Glas geblasen ist
Ein Profil mit gesenktem Augenlid
So sitzen die letzten Getreuen in der Kirchenbank
Ein Buddha mit vollfett geschminkten Lippen
Oder es ist doch der Chef der Mainzer Hofsänger
Und der tote Maler gönnt ihm keine zweite Farbe

Trau dich mit bloßen Füßen auf die Straße
Selbst bandagiert vom Scheitel bis zur Zehe
Traue dir auch alles andere zu
Beim toten Maler sah ich Engel ohne Münder
Ich sage nicht sie hätten aufgehört zu jubilieren
Doch wo dringt ihr Gott noch in sie ein
Heuwagen überrollen den Himmel
Englisch angeschrieben blinken Wolken digital
Die Gesichter bald verlorener Gäste
Treiben aus den Luftschutzbunkern
In den coolen Drive kubistisch ausgemalter Keller

Auf einmal stehen wir im Gang und gehören nicht dazu
Die Eröffnungsrede drin ist nicht auf uns gemünzt
Unter der blauen Krempe seines Hutes
Fasst der tote Maler nach dem Hals des Kontrabass
Verwunden sind die Folgen einer Kunstprügelei
Hier hast du ein paar Pflaster für deine Werke
Aus dem spitzen Hut seines Zauberers rinnt Farbe
Wie aus Dornen ohne Krone auf die Stirn

Ist der Turm gebaut ist das Ende nah
Nein die Menschheit macht sich an den nächsten Wolkenkratzer
Wer bei der Arbeit stirbt wird nur zum Schein gezählt
Die teuren neuen Städte zielen hoch hinauf
Und im Mund des toten Malers wechselt
Das Wort Menschheit in die Todestonart
Hier ist der Notenschlüssel für mein Gedicht
Und mitzusingen brauchst du nicht
Ein Engel schmiegt sich an den frierenden Hund
In den Armen des toten Malers

Die Jahre öffnen mir die Hand

Wie er sich erinnert an Rachmaninows Geburtstag
Wenn all diese Musik um ihn kreiselt
Die einmal als verworren galt
Und da kommt er herein Frank O'Hara fragt das Radio
Warum es so eintönig dudelt am Samstagnachmittag
Wo es ihn nach einem kleinen Schub verlangt
An unsterblich feiner Energie
Das A des Abenteuers mit Dichtung
Das O des Odentons gesprochen wie geraunzt
Er kennt den Kniff es ist sein Kunstgriff
Ich muss ihn da nicht stützen
Wenn er sich wieder mal vergisst
Am Rand einer Party oder im nächsten Gedicht
Auf seine unnachahmliche Weise
Die so mancher nachgeahmt hat
Genauso muss man möchte man es machen
Doch er hat es schon gemacht
Seine Gedichte sind nicht Wörter zwischen den Seiten
Es sind Wörter zwischen ihm und mir
Zwei Nachtbildsammler die der Kosmos grüßt
Mit einer kleinen Auswahl seiner Bogenlampen
Um dem tiefsten Schwarz im Raum zu trotzen
An einem frühen Winterabend tritt er aus dem Atelier
Einer farbverliebten Pinselqueen
Hinein in den 24-Stunden-Tag seiner Metropole
Wenn sie die Weihnachtsbäume richten
Hüllt er seine Wünsche in Jäckchen für frierende Hunde

Nach dem Abspann vor dem leeren Kino
Habe ich genug von diesen glamourösen Welten
Ich halte direkt auf meinen Einsatz zu
Die Patronen mit dem Schwarz gefüllt
Das aus dem Kosmos fließt ob Tag ob Nacht

Die Fliehkraft auszukosten der kurzen weiten Atembögen
Für die es kühle Fieberträume braucht
Und einen Funken Licht im Fenster meiner Geisterbahn
Ich setze nicht nur meinen Namen
Unter meine Affären mit der Sprache
Ich schreibe sie in meinem Namen
Ich habe auch die kleinen Dinge feststellen müssen
Nach den großen Dingen nachts
An der Seite einer geliebten Frau
Die mich heute vielleicht lieben würde
Und es vorgezogen hat das mit sich selber auszumachen
Wie ich meine Liebe auch für mich behalten habe
Außer im Gedicht das ich ihr nie zu lesen gab
Stattdessen gab ich ihr zu lesen
Wie die Sonne nach und nach verdunstet
Unter der schweißigen Achsel eines Gekreuzigten
Und so verging der Karfreitag ohne einen Takt Musik

Aus einem Bett oho voll von Beutezügen
Macht er sich morgens auf zum Schreibtisch
Im Büro des Museum of Modern Art
Er wartet die Mittagspause ab samt einer heißen Frikadelle
An der Ecke die Julias Ecke heißt
Um die Geschehnisse der Nacht in Siege zu verwandeln
In Wasserfontänen am Madison Square
In die internationale Helligkeit von Genf
Und gehe ich hindurch bleibt mir das Grau von schmucken Gassen
Anders als das Licht am Morgen über der Tōkyō Bay
In Erwartung feinstofflichster Lasten die der Nordwind trägt
Zitronengelb die handlichen Detektoren für jeden in der Menge
Doch höchstens noch gebraucht zu kriegen
Ich habe ihn beim Wort genommen
Und es ins Taschentuch gepresst wie einen Tropfen Blut
Das ist mein Aufstand gegen das Weiß der leeren Seite
Er ist reich an Finten abgeschaut den Surrealisten
Die nach Wundern kramten sonntags auf dem Flohmarkt

Und nackte Modepuppen ohne Kopf mit ins Atelier nahmen
Alte Fotografien für grelle Risse ungeahnte Schatten
Stellen andere die Gläser weg will er platzen
Als der am wenigsten schwierige Mensch
Der die Namen verteilt wie Freikarten
Von der harsch verträumten Garde aus Hollywood
Julia Roberts klinkt sich ein in Englands Buchhandel
Mit einer weißen Hochzeitstorte von Chagall
Michael Douglas nimmt die Wallstreet aus
Ein Monster untilgbarer Drohungen
Taucht aus den menschenleeren Tiefen eines Raumschiffs
Das den ewig stillen Raum durchrast
Und doch für alle Zeiten stillzustehen scheint

Die Platte kreist auf meinem Plattenteller
Im Zentrum des tief inneren Saxophons
Das stete Auge sieht an mir herauf
Ein schwarzer Stern erhascht aus nächster Nähe
In der tödlichen Nacht auf Fire Island
Die Unfallnachrichten widersprechen sich
Wie er sich widersprochen hat von Vers zu Vers
Aber ohne sein Vergnügen daran ohne eine Spöttelei
Ausgestreckt in einer Pfütze Blut zurückgelehnt
In einem Saal voll kostümierter Kassenschlager
Nach einem Film mit vielen ungereimten Schlichen
Und vorgetäuschten Zungenküssen

Ich gehe endlich einmal auf der Mauer
Von der Internationalen Raumstation zu sehen
Unter dem beschirmten Fuß beim Außenbordeinsatz
Dies schwere Seil im Schnee im Grau der Wolkenzüge
Der feste Boden bebt die Berge wachsen weiter
Ohne je den Himmel zu erreichen
Sie stoßen bloß ans Dach der Welt
Alles soll offen sein offen für frei gesonnene Menschen
Die sich als streng geschulte Genossen entpuppen

Voll der neuen alten Begehrlichkeiten
Ausradiert die Spuren des Großen Sprungs nach vorn
Der Schnee zertreten von den Stiefeln der Volksarmee
Durchnässte Schlagzeilen Wasserlöcher zerlaufene Parolen
Millionen schwarzgerauchter Kippen tauen auf
Asche zu Asche Aschenhaufen die im Frühjahr schmelzen
Lange noch nach seinem letzten Atemzug in Freiburg
Wühlt Christoph Meckel in der Jacke nach Gedichten
Am Tag der nächsten Friedensfeier vorzutragen
Zu der ein anderer drei Tage lang sich vollsaufen will
Im frisch gekauften leuchtend weißen Nylonhemd
Und endet doch im hergeträumten Mauseloch heh Karl
Jona lobt die scharfe Traurigkeit der Zwiebel
Über seinen jähen Tod hinaus
Den letzten Schiffbruch auf dem schwer benutzten Sofa
Wo er noch einmal Zwiebelbrüste vor sich sah
Dort in Kreuzberg ohne Popen unter Kupferziegeln
Im Auge des Entdeckers erscheint ein jeder
Aus der Menge aufgeweckter Frühaufsteher
Ordnungshüter formen Ketten vor den Würdenträgern
Die aus reservierten Limousinen steigen
Vor die Kameras der lüsternen Dienste
Beschwingt von ihrer Macht dem Frieden nicht zu dienen
Stellt man in Basel Käfiginstallationen aus
Denken alle an Guantanamo

Im September sitze ich neben Kübelpalmen
An einer Schiffsstation am Thuner See
Fern überm Wasser von Paul Klee der perfekte Berg
Blau wie eine Pyramide bevor es Nacht wird in Ägypten
Und schwarz der Regen einsetzt Regen Regen
Ich habe ein bisschen geweint die täglichen Tränen
Nach dem magischen Augenblick am letzten Sonntagabend im Mai
Allein an ihrem Sterbebett am Ohr ihr Todesröcheln
Das kein Röcheln ist das ein Blubbern ist
Und ein Faden Blut hinab vom rechten Mundwinkel

In den Wochen danach bin ich kurz davor
Verrückt zu werden und ich bin es nicht
Bin wach geblieben vor der alten Welt im Osten
Für mich neu und schwer ergründlich wie beim ersten Mal
Als ihre Stimme aus dem Esszimmer mir den Tag erfrischte

Die Bücher und die Tode gleiten von der Hand
Früh kommt die Sonne wieder aus der Nacht
Und ich fühle mich vom Licht berührt
Übergroße Fotos zwischen Reiseskizzen
Erscheinen mir im Traum und wirken farbecht
Eine Stunde lang und länger sinke ich
Und sinken wir herab auf Tōkyō Narita
Dann bin ich endlich mit ihr in der Warteschlange
Die Augen offen aus Geduld
Und lang gehegter Neugier auf das Land
Vor dem die Sonne jeden Morgen einen neuen Anfang nimmt
Bald lerne ich den Dämmerschein durchdringen
Den Buddhas Statuen lieben in ihrem insgeheimen Lächeln
O heilige Zeichentricks der Hände
Zum Gruß erhoben oder ruhend im ruhenden Schoß
Seit der Stunde der Erleuchtung ist Buddha ohne Furcht
Das Gold im Tempel glänzt wie seine Haut von Anfang an
Ich stecke meine Mütze weg und knie mich doch nicht hin
Ich habe mich nie getraut ein Ministrant zu werden
Das Weihrauchfass zu schwenken vor den Gläubigen
Die mich voller Fürsorge betrachtet hätten
Ich bin ein junger Kerl aus Mannheims Neckarstadt
Inmitten roter Fahnen die den ersten Mai zum Kampftag weihen
Bevor sich die Belegschaften verlaufen ins Gemurmel
Bis sich jeder beiläufige Satz quak quak
In ein Bekenntnis ohne Nachhall kehrt
Die Hämmer und die Sicheln hängen in den Hobbykellern

Hinter hygienischen Masken tasten die Pendler
Nach den Treppenstufen unter ihren blanken Schuhen
Ein Blick hinab der nicht gewöhnlich werden will
Die Angestellten tauschen Grüße mit den Ellenbogen
Und praktisch jeden Tag rücken sie das Mikrofon zu sich her
Die zu den Gangstern der Epoche zählen
Noch bevor sie ihren Namen kriegen wird
Der der Name einer Seuche werden könnte
In populärem Medizinerlatein
Wie es die Herren Gangster nicht beherrschen
Überall und irgendwo in den erwärmten Klimazonen
Auf der Weltuhr wo es immer kurz vor zwölf ist
Ich sehe mehr und mehr bedenkenlose Macher vortreten
In ihrer Geltungsgier in Habsucht ihrer dreisten Schläue
Die weiter lügen wenn man Lügen nicht mehr Lügen nennt
Wie proper angekleidet all die Typen hasten
Durch die Gänge internationaler Kaderschulen
Wo man lernt zu reden während die Herrscher handeln
Nicht nur an Europas Rändern nicht nur im Reich der Mitte
Hier mein Bleistift bitte selbst ausfüllen
In den Rohrleitungen soll es winters warm sein
Bauarbeiter pflegen ihren Glanz aus Schweiß
In den Frühstückspausen ihres ärmellosen Unterzeugs
Welch eine Zier von Nutzen ist ihr Schutzhelm
Verliebte können Helden sein Helden für einen Tag
Zeig mir einen Helden und ich zeig dir eine Tragödie
Bruce Naumans Neonarbeit blinkt auf zu RAW zerfällt zu WAR
Himbeerfarben bienengelb und rosenrötlich
In Museen nachgestellt den Glücklichen der Welt

Wie ihr nackter Fuß sich regt und ist noch ihrer
Wie ratlos ihre weißen Zehen kreisen
Vor der Matte rutschfest dunkelgrün
Im täglich frisch gewichsten Zimmer des Spitals
Wo ich ihr noch einmal aus dem Bett geholfen habe
Ich kenne jetzt das Zeichen mit dem der Tod naht

Der nichts weiß von Wörtern wie Gerechtigkeit und Leid
Licht Klarheit Avocadosalat auf dem Balkon
Keine Ahnung wo zu bleiben was zu flüstern was zu sagen
Wenn der Tod sein Mahlwerk rührt
Und auf einmal steht er in der Tür und ist genug genug
Bis eine Blutspur lautlos ihre Wange teilt
Und ihr Mund klafft auf zu einem unhörbaren Schrei
Der wer weiß im Jenseits doch zu hören war
Und ihr Gesicht vor mir zur Totenmaske formt

Die Plattenhülle leuchtet schwarz aus ihrem Innern
Ein schwarzer Stern im Sternenflimmern
Die Lieder schwarz schwarz das Papier
Sie weckt mich nicht mehr mit dem Telefon
Sie fängt nicht mehr das neue Leben an
Das mir durch aufsässig leichte Träume hilft
Ohayou! ich meine Guten Morgen Welt!
In wenig Silben ya! vielfach gepriesen
Unter uns die Inseln vor Matsushima
Die achtundachtzig dunklen Hügel überm Wasser
Und ihre schwarz gekrümmten Kiefern
Warten auf die Blicke von uns Liebenden
Im Salz der Stürme in der Springflut
Haben sie die Wucht gebrochen des durchwühlten Pazifiks
O stummer Widerstand gebeugter Grazien
Während weiter südlich die Reaktorblöcke brachen
In der Dreieinigkeit der Katastrophe
Bebender Grund dammhohe Wogen verseuchte Atemluft
Sei immer wachsam Gott ist es nicht
Das geringste Nachlassen deiner Aufmerksamkeit
Führt zum Tod weiß ein Begeisterter
Samstagnachmittags im Spülicht einer Kölner Seitenstraße
Getötet im April in London von einer schwarzen Karre
Und noch immer westwärts ist er da
Wischt den Stempel des Staats sich aus dem Nacken
Er hasste diesen ganzen Dreck und nicht in Klammern

Er dringt herein und starrt die nackten Schenkel an
Die Höschen unter grellen Röcken an den Wänden
Niemand soll sich unterstehen seine Gedichte zu erläutern
O die Tomatensuppe heiß und blutrot ausgeteilt
Bevor der nächste Sänger das Mikro an sich reißt
Lebhaft wie alle hier im Saal der Ungeladenen
Eng entlang den Wänden auf eine lange Nacht gefasst
Die Aschen sind verstreut die Lebensdaten ausgeteilt
Ich sah das Raumschiff silbern kreisen
Vor dem zarten Blau der Kugel die wir Erde heißen

Alle meine Gedichte sind persönliche Gedichte
Nur bin ich nicht die Hauptperson
Ich schreibe mich hinein ich schreibe mich aus ihr hinaus
Mit meinen Hüftgelenken aus Titan die der Bestatter
Magnetisch aus dem Aschenkasten sondern wird
Ich bin ein altmodischer Mensch in einem Alter
In dem das zeitlos modisch ist
Von meinem Body-Mass-Index hab ich keine Ahnung
Sind meine Verse ohne Melodie sind es keine Verse
Kaum werfe ich den leeren Becher weg
Springt er mir randvoll in die Hand zurück
Und damit wäre dieser Tag geglückt
Ich stehe auf und knipse meinen Plattenspieler an
Was da kreist ist Schweizer Präzisionsmechanik
Gewieftere sind jetzt im Streaming unterwegs
Selbst am Geburtstag von Rachmaninow
Dem liebsten Vater all der Russen Hollywoods
Wo die Filmwirtschaft von seinen Stücken zehrt
Alfred Schnittke räumt den überfüllten Zug der neuen Musik
Und schlägt sich zu Fuß bis Hamburg durch
In seinen Partituren Barockfiguren
Freie Töne Mikrointervalle ein Tango auf dem Cembalo
Der Abschiedsszenen in die Herzen treibt
Wo keiner vorhat weinend sich davonzustehlen
Weil nie Mund an Mund mit wem auf Erdenrund gelegen

Nirgends sind die Risse Kanten Sprünge schärfer
Die Wogen wogen nirgends höher als in der Tonkunst
An einem unbekannten Morgen dem das Datum fehlt
In die Poesie gelenkt der leeren Ausfallstraßen
Als die Pendler ihre Mietwohnung zum Büro machen
In früher Zartheit steht der auferstandene Park
Wie die Straßenschlucht im Stadtteil Paddington
Die sich in der Frühlingssonne sonnt
Mit Feuerleitern grau verhauchenden Kaminen
Das Licht geklart vom Hafenwasser her
Ein weißer Duft die schwerelos gewaschene Wäsche
Auf einem Balkon in Tōkyō Oimachi
Gegenüber einer fein gepflegten Grabmalstätte
Wo wir uns an den Händen hielten an den Händen
Und sie sterbenskrank war ohne es zu spüren
Hausnummern keine leichter Dunst hybride Karren
Die jedes Hindernis still für sich umkurven

Bauarbeiten Zebrastreifen der Wasserstrahl vom Genfer See
So heiß der Tag auch werden wird
Ich bin froh unter einer Kastanie zu sitzen
An der sich Efeu seinen Teil vom Grün ergattert
Wie es jeden Sommer im Mittelland die Flüsse vorwärtsschiebt
Und eines Tags verkümmert in Nebel Regen unter Schnee
Ich bin froh unter einer Platane zu sitzen
Im alten Bern mit seiner sonntäglichen Standuhr
Das Licht von Sommertouren rieselt aus dem Laub herab
Ich lausche diesem Sog aus Staub und Stille
Sternenstaub und schwarz der Aschestaub in ihrer Urne
Der Aushilfskellner geht mit meinem leeren Glas
Dann stoße ich den Stuhl zurück ins Morgen Morgen
Ich bin knapp von hinten noch zu sehen
Komm nicht wenn ich sterbe rufe ich ich möchte nicht
Dass ein Blatt sich wegdreht von der Sonne
Es liebt es dort

Anmerkungen

Abenteuer mit Dichtung
»Ins Freie!« aus Goethes »Faust«, Erster Teil, Kerkerszene.

Blues aus Bayern
Vertont von Achim Reichel in Hamburg, 1980 auf seinem Rock-Album »Ungeschminkt«.

Nicht verlieren dürfen
Nach dem Zyklus »Innenräume«, sieben Radierungen, 1980 von Joachim Palm, bildender Künstler in München.

Musikalische Elegie, klassischer Stil
Dem Komponisten und Organisten Hans Georg Pflüger (1944–1999) zum 33. Geburtstag am 26.8.1977 in der Villa Massimo, Rom. Die dort von ihm vertonten vier Gedichte, darunter »Gedicht«, finden sich auf dem Album »Liederzyklen« von 1986, mit Siegmund Nimsgern, Bariton, und Hans Georg Pflüger am Klavier.

Ein Klee, ein Berg, ein Monument,
Zu dem Bild »Ad Parnassum« in Ölfarben, 1932 von Paul Klee.

Blüten, Stiele, Blumen
Zur Gouache »Floréal Nr. 9« von Silvia Bächli, bildende Künstlerin in Basel.

Demograzie
Der Zürcher Schriftsteller Konrad Klotz (1951–1997) übersetzte u.a. das grandiose Epos »Omeros« von Derek Walcott und veröffentlichte Erzählungen, Gedichte und einen Roman.

Halbes Jahrhundert
Vertont 1996 für Mezzosopran und Klavier von Hermann Keller (1945–2018), Komponist und Pianist in Berlin mit zahlreichen Alben frei improvisierter und komponierter Musik.

Durch Hauptwil
In Hauptwil war Hölderlin von Januar bis Mitte April 1801 Hauslehrer bei der Kaufmannsfamilie Gonzenbach.

Liebe zum Kanal
In Verse gesetzter Ausschnitt aus »Ufer der Verlorenen«, dem venezianischen Winterbuch von Joseph Brodsky.

Garten der Leere
Zum weltbekannten Zen-Garten im Ryōan-Tempel in Kyōto.

Jeder für sich
Den »Schmalen Pfaden durchs Hinterland« von Bashō Matsuo (1644–1694) folgen einige Gedichte.

Rote Blumen
Diese sechs Gedichte sind nach dem Tod von Sanae Christen-Inoue (1946–2016) im Andenken an sie geschrieben.

Oder im November
Der Zyklus ehrt den Basler Dichter Rainer Brambach (1917–1983), hier seinen Zyklus »Auch im April«. Winfried Stephan hat sein Werk im Diogenes Verlag mit verlegt, mich zu diesem Zyklus ermuntert und den Anstoß für den vorliegenden Auswahlband gegeben.

Schmetterlinge
Dass Schmetterlinge zum Reimen kleiner Stoff seien, verdanke ich Carl Spitteler, dem einzigen gebürtigen Schweizer Nobelpreisträger.

In g-Moll
Dem deutschen Maler und bildendem Künstler Dieter Seibt (1941–2021), der in Bern und Lausanne gelebt und gearbeitet hat.

Helmut Böttiger

»*Ins Freie!*«
Nachwort

Es war das Buch der Stunde. Im April 1974 erschien in der signalroten Reihe »das neue buch« bei Rowohlt Jürgen Theobaldys Lyrikband »Blaue Flecken«. Diese Gedichte standen programmatisch für eine neue Bewegung, die Hugo Dittberner sogleich als »Neue Subjektivität« definierte. Nach der politischen Hochphase der Jahre um 1968 stieß man, plötzlich und unvorbereitet, auf etwas, was eine Zeitlang durch Parolen, Manifeste und gesellschaftstheoretische Begrifflichkeiten fast völlig verdeckt worden war: das eigene Ich mit seinen widersprüchlichen und nicht gänzlich zu bannenden Gefühlen. Der Titel »Blaue Flecken« spielte gezielt mit der Doppeldeutigkeit, mit Schmerz und Lust. Auf der einen Seite geht es um Verletzungen, um Spuren von Aktivität und Gewalt. Auf der anderen Seite aber tritt das Blau des Himmels zutage, die Verheißung, die »blauen Flecken« als Zeichen der Utopie inmitten all der Grauschleier und des Wolkendunsts.

Binnen kurzer Zeit wurde der 1944 geborene Theobaldy zu dem meistzitierten Wortführer der deutschen Lyrik. In seinem manifestartigen Aufsatz im »Literaturmagazin« mit dem Titel »Das Gedicht im Handgemenge« hieß es: »Die jüngeren Lyriker sind mit ihren Gedichten ins Handgemenge gegangen, sie bleiben beweglich, sie lassen sich nicht darauf ein, ihre Gedichte, leicht und glatt wie Luftballons, in esoterische Höhen zu schicken, wo nur mehr schlaffe Hüllen übrigbleiben, ha, die Form an sich!« Und er fügte hinzu: »Der Lyriker setzt seine Person ein, legt die sinnlich erfahrenen Nöte offen, auch als Voraussetzung für gesellschaftliche Umwälzungen, die schließlich nicht deshalb stattfinden sollen, damit sich ein paar marxistisch-leninistische Lehrsätze empirisch beweisen lassen.«

Theobaldys Gedichte wirkten in dieser Zeit wie eine Befreiung. Es ging ihm darum, deutschsprachige Lyrik abseits der tagesaktuellen Schlagworte zu schreiben, aber auch, den Muff der 1950er Jahre genauso hinter sich zu lassen wie den »hohen Ton«, der in der deutschen Lyrik traditionell besonders hoch war. In manchen Bundesländern endeten die Lesebücher bei Marie Luise Kaschnitz oder Georg Britting, und im offiziellen kulturellen und akademischen Milieu schienen Stefan George oder Rilke immer noch das Maß aller Dinge zu sein. Theobaldys Gedicht »Abenteuer mit Dichtung« stand am Anfang des Bandes »Blaue Flecken«, und das war wie das Öffnen aller Fenster, es war wie frische Luft:

Als ich Goethe ermunterte einzusteigen
war er sofort dabei
Während wir fuhren
wollte er alles ganz genau wissen
ich ließ ihn mal Gas geben
und er brüllte: »Ins Freie!«
und trommelte auf das Armaturenbrett
Ich drehte das Radio voll auf
er langte vorn herum
brach den Scheibenwischer ab
und dann rasten wir durch das Dorf
über den Steg und in den Acker
wo wir uns lachend und schreiend
aus der Karre wälzten

»Ins Freie!« – das bedeutete nach 1968: weg von den gedrechselten und geschraubten Wörtern, weg von der Künstlichkeit, hin zu den persönlichen Erfahrungen und zu einem individuellen Lustempfinden. Eine enorme Bedeutung hatte dabei die Beat- und Undergroundlyrik aus den USA, die junge versprengte Poeten in der Bundesrepublik auf ungeebneten und schwer zugänglichen Wegen entdeckten. Theobaldy agierte da parallel zu anderen Autoren seiner Generation wie Rolf Dieter Brinkmann, Nicolas Born oder Peter Handke: »Ich stieß auf die Forderung von Nicolas Born, roh und unartifiziell zu schreiben, ich entdeckte die neuen Anfänge in der Pop Art, in vielem, was aus der Kunst einen Affront machte: keine Reime, weder blumige noch exotische Metaphern, nix metrische Formen, alles unaufwendig, aber sinnlich und geradeheraus.«

Theobaldy lebte Ende der sechziger Jahre in Heidelberg, schrieb Gedichte und trieb sich vor allem im linksalternativen Buchladen von Jörg Burkhard herum, wo er alles las, was in der sich entwickelnden Kleinzeitschriftenszene greifbar war. Beim Herumblättern bekam er auch die Zeitschrift »Der fröhliche Tarzan« zwischen die Finger, die von Rolf Eckart John in Köln herausgegeben wurde. Diese lustvoll improvisierten Blätter elektrisierten ihn, und er »nudelte«, wie er sagt, Ende 1971 selbst auf einer Matrize hundert Mal jede Seite einer eigenen Gazette namens »Benzin« durch: »Power, Treibstoff«, Autofahren mit Goethe: das war es, was dieser Zeitschriftentitel suggerieren sollte.

»Benzin« begann mit einem Gedicht von Pablo Neruda: »Nicht zu hoch hinaus« – und das war durchaus ein ästhetisches Statement, die Vorstellung einer leichten, ungebundenen Sprache abseits politischer und lyrisch-hermetischer Abhebversuche. Theobaldy schickte das erste Heft sofort nach Köln zu Rolf Eckart John, und es dauerte nicht lange, bis dort 1973 das erste Buch in der eigens dafür von John gegründeten »Palmenpresse« erschien: Theobaldys lyrisches Debüt namens »Sperrsitz«. In diesem schmalen broschierten Bändchen findet sich auch bereits das berühmte Gedicht »Abenteuer mit Dichtung«, versteckt zwischen anderen mit Schreibmaschinentypen gesetzten Texten.

Mittlerweile war Theobaldy nach West-Berlin gezogen, und er geriet sofort in die kleine Dichterkolonie, die damals im eher etwas am Rande gelegenen Friedenau entstand. Nicolas Born und Hans Christoph Buch wohnten dort mit ihren Familien im selben Haus in der Dickhardtstraße, die Niedstraße mit dem Kraftzentrum Günter Grass und dessen zeitweiligem Nachbarn Uwe Johnson lag in der Nähe. Zu regelmäßigen Treffpunkten wurden der

Buchhändlerkeller, die Wolffsche Bücherei und das »Bundeseck« am Friedrich-Wilhelm-Platz mit seinem klassischen Repertoire aus Soleiern, Buletten, Flipperautomaten und Kickergeräten. Hans Christoph Buch fragte als Herausgeber des Rowohlt-»Literaturmagazins« Theobaldy gleich nach Gedichten, und Yaak Karsunke schrieb für die damals überregional bedeutende »Frankfurter Rundschau« eine Rezension zu Theobaldys scheinbar entlegen erschienenen »Sperrsitz«. Innerhalb weniger Tage war die erste Auflage mit 400 Exemplaren vergriffen.

Theobaldy brachte einen neuen Akzent in die deutsche Aneignung der amerikanischen Beatpoeten. Er betonte das scheinbar Beiläufige, ohne jeglichen äußeren rhetorischen Aufwand, und das entsprach dem, was er in seinen theoretischen Texten einforderte. Im kurzen Nachwort zu der von ihm herausgegebenen Anthologie »Und ich bewege mich doch. Gedichte vor und nach 1968« im Jahr 1976 beschrieb er, wie die Dichter wegwollten von den Begriffen, wie sie versuchten, das alltägliche Leben um sie herum als Sujet überhaupt erst wahrzunehmen: »Selbstverständlich gibt es keine Identität zwischen Erlebnis und Gedicht, aber es gibt die Möglichkeit, den Abstand zwischen beiden gering zu halten, das Gedicht an seinen Gegenstand heranzuschieben, es ihm auf den Körper zu schreiben.«

Die vermeintlich einfache Sprache, in der dies geschieht, hatte in der dogmatischen Endphase des politischen Sprechens etwas Subversives. Schon ein Jahr nach »Sperrsitz« erschien »Blaue Flecken« im großen und etablierten Rowohlt-Verlag, einige Gedichte aus dem Debüt wurden hier wiederaufgenommen und zwischen die vielen neu entstandenen Texte gemischt. Theobaldy rekapituliert sein Aufwachsen im proletarischen Mannheim, er schreibt über den Vater, der zuerst die Münchner Räterepublik bejubelte, aber später auch die Nazis gut fand und sich an Inflation und Arbeitslosigkeit erinnerte. Der Dichter denkt über seine Mutter nach, die »nach der Scheidung / in eine Schuhfabrik arbeiten ging«, er reflektiert über Fußballplätze und Kinos, über das »Bier ausfahren im Mannheimer Hafen«, über die Angst vor dem Gymasium, da dies eigentlich den Kindern reicher Eltern vorbehalten war. Und er schreibt über das Schreiben: »In der Firma schlüpfte ich aufs Klo und schrieb / Gedichte im Stehen über Boxkämpfe, Rummelplätze / und verlorene Lieben unter dem Brückenpfeiler.«

Selbstironische Reminiszenzen an Kindheit und Jugend gehen in diesen Gedichten einher mit Straßenkämpfen, mit dem Napalm in Vietnam und wilden Streiks. Texte, die direkt das damalige politische Geschehen reflektieren, wie in »Ostern in Esslingen« die Blockade der Auslieferung der »Bild«-Zeitung, bilden keinen Widerspruch zu sensiblen, kleinen Gefühlsstudien wie »Zu Besuch«. Diese sind keine Fluchtbewegung, sondern eine durch die subkulturelle Revolte in den USA ausgelöste Selbstvergewisserung, die jetzt unabdingbar nötig zu sein scheint. Theobaldy sieht dabei aber auch eine Gefahr: »Das Ich kann sich verraten, wenn es in geborgte Sprachmuster, zum Beispiel aus dem amerikanischen Underground, flieht, wenn es sich im Gefolge der Pop-Lyrik auf unverbindliche Späße zurückzieht oder durch die perspektivlose Beschränkung auf Banalstes und Trivialstes hindurch noch einmal das zweck- und absichtslose Gedicht etablieren will.«

Das eigene Leben mit seinem poetischen Potenzial, mit all seinen »unreinen Träumen und Ängsten« ist die grundlegende Entdeckung der siebziger Jahre, und Theobaldy findet einprägsame Zeilen für derlei ambivalente Zustände. Die lyrische Produktivität Theobaldys ist bis heute erstaunlich. Nach »Blaue Flecken« erschienen in seiner heute fast klassisch anmutenden frühen Sturm-und-Drang-Zeit die Gedichtbände »Zweiter Klasse« (1976), »Schwere Erde, Rauch« (1980) und »Die Sommertour« (1983), doch dazwischen schoben sich allmählich auch Prosatexte. Und es mutet heute merkwürdig an, wie im Jahr 1981 Lothar Baier als einer der maßgeblichen Rezensenten jener Zeit Theobaldys Roman »Spanische Wände« besprach: »Besäße ich die Sehergaben einiger Kollegen und könnte einen Blick in die Literaturgeschichten von 2031 werfen (falls es dann noch so etwas gibt), wäre ich vielleicht in der glücklichen Lage, bekanntgeben zu können, dass ›Spanische Wände‹ eines der wichtigsten

Bücher vom Beginn der achtziger Jahre und der Autor Jürgen Theobaldy ein hervorragender Chronist seiner Generation ist.«

Jürgen Theobaldy hatte zu diesem Zeitpunkt einen großen Namen. Und er wurde in einem Atemzug mit dem 1975 im Alter von 35 Jahren von einem Auto überfahrenen und getöteten Rolf Dieter Brinkmann genannt – Theobaldy stand bei Brinkmanns Tod in der Londoner Westbourne Grove in unmittelbarer Nähe und hat das mehrfach beschrieben. Das Gedicht »Die nicht erloschenen Wörter« spürt dem inzwischen mythisch gewordenen Gefährten nach, und es hat nebenbei auch einer in der DDR herausgegebenen repräsentativen Anthologie mit Lyrik »aus der BRD und West-Berlin« den Titel gegeben. Doch langsam begann sich etwas zu verändern. Wie auch seinem engen Freund Nicolas Born, der ins Wendland an der Elbe übersiedelte, wurde Theobaldy das politisch und literarisch stark aufgeheizte West-Berlin zuviel. Er sehnte sich danach, aus dem Trubel mit Kneipen, Freundschaften und Betriebsklüngel auszubrechen. Und machte damit dann radikal Ernst. Anfang der achtziger Jahre zog er sich aus dem Berliner Milieu zurück und begann eine nahezu Robert Walser'sche Existenz als Schweizer Parlamentsschreiber in Bern zu führen – bis zu seiner Pensionierung 2009.

Dieses »Untertauchen« in der Schweiz bildet eine Zäsur in Theobaldys Leben. Und sie zeigt sich auch in seinen Veröffentlichungen. Hatte er seine Bücher bisher meist in großen Publikumsverlagen wie Rowohlt oder Rotbuch herausgebracht, änderte sich das nun grundlegend. Seine Texte erschienen seit den achtziger Jahren wieder in solchen alternativen Kleinverlagen, die der Aufbruchstimmung seiner Frühzeit entsprachen. Und so war es wie eine Rückkehr zu den Ursprüngen, als 1992 Theobaldys Buch »Der Nachtbildsammler« genau in jener entlegenen Kölner »Palmenpresse« auftauchte, die 1973 auch schon sein Debüt »Sperrsitz« gedruckt hatte. Von Theobaldy existieren mittlerweile insgesamt 16 Lyrikbände, und wenn man sich die Verlagsnamen anschaut, ist das eine deutliche Aussage: Verlag Das Wunderhorn, Heidelberg

(»Midlands Drinks«, 1984), Friedenauer Presse (»In den Aufwind«, 1990), zu Klampen in Lüneburg (»Immer wieder alles«, 2000, und »Wilde Nelken«, 2005), Peter Engstler in Ostheim/Rhön (»24 Stunden offen«, 2006, »Suchen ist schwer«, 2012, »Hin und wieder hin«, 2015, »Auf den unberührten Tisch«, 2019), Klaus Isele Editor, Eggingen (»Einfach um die Sonne«, 2021) und Mäd Book Verlag, Basel (»Guten Tag in Kyōto«, 2022).

Der hier vorliegende große Auswahlband aus 50 Jahren geht chronologisch vor. Der Schlussteil besteht aus Texten, die bisher nicht in Buchform erschienenn sind. Das letzte und längste Gedicht »Die Jahre öffnen mir die Hand« kehrt noch einmal zu Frank O'Hara zurück, zur amerikanischen Beatlyrik, und man begegnet auch Johannes Schenk (mit dessen Gedichtband »Jona«) und David Bowie wieder (»Black Star«, die »Plattenhülle« mit dem »schwarzen Stern«). Theobaldy möchte das Kontinuum hervorheben, das Spektrum seines Schreibens und nicht die manchmal durchaus spürbaren Neuansätze. Diese fasste er immer, wie er rückblickend sagt, als ein »Erweitern, ein Ausweiten oder ein Hinausschieben scheinbarer Grenzen« auf. Die persönlichen Erfahrungen, der nichtakademische Duktus ziehen sich auf jeden Fall vom Anfang bis heute durch sein Werk. Bereits im Debüt »Sperrsitz« ist daneben auch ein Gedicht wie »Trakl stapft am Waldrand entlang« zu lesen, und das verweist auf ein Interesse, das sich im Lauf der Zeit immer intensiver in Auseinandersetzungen mit klassischer Dichtung entfalten wird, mit Sappho, Goethe oder mit Hölderlin – »Durch Hauptwil« spielt auf Hölderlins Hauslehrerzeit in einer Schweizer Region an, die auch Theobaldy sehr vertraut ist.

Man erkennt auch in den Bänden »In den Aufwind« von 1990 und »Der Nachtbildsammler« von 1992, die am Anfang der zweiten Werkphase Theobaldys stehen, in Gedichten wie »Zerzauste Feder« oder »Ein Amtsschreiber erwacht«, den bekannten Ton dieses Autors wieder. Es geht weniger um einen Bruch als um neue Orientierungen und Wegbestimmungen. Was vorher war und was künftig sein könnte, wird auf behutsame Weise miteinander verbunden.

Am meisten fällt auf, dass die Gedichte jetzt oft länger werden, aber mehr denn je aus der Prosa des Alltags zu kommen scheinen und unmerklich aufgeraut sind, von leise verstörenden Bildern durchsetzt. Unaufdringlich, fast unscheinbar sind diese Zeilen, und erst wenn man beginnt, sich in sie zu vertiefen, wenn man dem nachdenklichen Ton folgt und dem ruhigen ausschweifenden Rhythmus, überträgt sich eine unverwechselbare Gestimmtheit. Der leichte Wellengang fördert einiges an sperrigem Strandgut zutage.

Aus der selbstbewussten Subjektivität und der offensiven Privatheit der siebziger Jahre ist etwas Verhalteneres geworden, etwas Mildes, Resignatives. Und der ironische Ton, der manchmal ohne Indikator über den Zeilen liegt, rührt von einer anderen Form von Souveränität her, einem Wissen, dass nicht mehr viel Schönes an Aufregung und Öffentlichkeit zu erwarten ist. Theobaldys Gedichte versuchen jetzt, sich nahezu heiter im Unvermeidlichen einzurichten: »Aber der Kosmos grüßt uns nun / mit einer kleinen Auswahl seiner Bogenlampen.«

Die Welt kommt in diesen Texten durch die Hintertür herein, als etwas letztlich Ungreifbares, das bei all dem Erschreckenden doch auch einen gewissen Zauber besitzt. Wie verloren tauchen in den Räumen der Gedichte die alten »Engel« auf, ein nach Rilke fast unerhörter Vorgang. Theobaldy evoziert das Erhabene überlieferter Vorstellungen zwar mit einem Augenzwinkern, aber er baut es mit ein in seine Zeilen und lässt etwas vom Ernst und von der Grazie jener Lyrik mitschwingen, die auf etwas Absolutes aus ist, auf ein Einssein zwischen Ich und Welt.

Der Engel tritt in diese neu wahrgenommene Hälfte des Lebens hinein, mal mit »Putzlappen«, mal als Ehefrau getarnt, und wenn die Geschichte zu schnelllebig wird und die Wahrnehmung sich beschleunigt, wenn etwa »Astronauten« in völlig natürlicher Weise in den Blickwinkel des Gedichts geraten, dann heißt es knapp: »Nur folgerichtig, dass kein Engel auftaucht.« Die Natur ist zwar eine Möglichkeit der Zuflucht und der Einkehr, aber dies geschieht nicht in der spezifisch deutschen Tradition von Innerlichkeit. Die betreffende Tradition Theobaldys hat in den siebziger Jahren des 20. Jahrhunderts angefangen, die alten Erfahrungen sind in lange Verszeilen aufgelöst worden, und das Lebensgefühl ist durch und durch davon geprägt: »Ich nehme mir vor, meine Zufallssammlung / von Schallplatten zu lichten / (wieder ist eine neue Zeit angebrochen), / aber die Lieder sind nicht zufällig, / jedes Lied ist aus Fleisch und Blut / herausgesungen.«

Wieder ist eine neue Zeit angebrochen. Sie kommt als etwas Ernüchterndes, Verwirrendes in die Zeilen, variiert den Grundton, legt ein charakteristisches Zwielicht in diese Atmosphäre: »Wer durchkommt, wird sehr alt und sehr krank werden.« Und hier ist auch eine Hommage an den antiken Dichter Catull versteckt, an dessen typischen Elfsilbler mit der doppelten Hebung an einer Versstelle, dem »Hinkjambus« – aber im leisen Verston zeitgenössischer Alltagserfahrungen, als eine kleine Heimat in der Dichtung, die zu neuen Selbstauskünften Theobaldys führt: »Wer immer wir sind, / wir sind es nicht immer.«

Der Sound der Alltagsgedichte der siebziger Jahre ist zwar bis ins Jahr 2024 hinein zu spüren, aber Theobaldy hat ihn mittlerweile vielfältig variiert. Er besticht durch lyrische Verdichtungen, die fast ans Hermetische grenzen, und die Langgedichte unterscheiden sich formal stark von den frühen Augenblicksskizzen, die oft wie Polaroidfotos wirken. Und es gibt formale Experimente wie Reduktionen auf Zwei- oder Dreizeiler. Die Sprache feiert nicht mehr sich selbst und ihre Leichtigkeit. Die vermeintliche Kunstlosigkeit, die Schlichtheit der neueren Gedichte konstatiert das Fehlen jeglicher Utopie. Kein Brecht mehr, kein William Carlos Williams, der amerikanische Urpoet: »Mit zunehmendem Alter, / gelegentlich sechzig, / kürzen wir die Wege ab. // Horaz oder Li-Tai-Bo? / Brecht wollen wir sein lassen, / wie die Pflaumen von Williams, // die nun gegessen sind, / die so gemundet hatten.«

Und doch ist das nur zum Teil ein Ausdruck von Trauer. Allmählich tritt bei Theobaldy eine Vorliebe für fernasiatische Poesie auf, japanische Erfahrungen gewinnen an Raum und vermitteln eine Aura von Zeitlosigkeit, einen Trost durch Form. 2015 erscheint mit »Hin und wieder hin« ein Buch, das sich ausschließlich Japan widmet, mit Reisenotizen, hingetuschten Landschaftsbildern und Lektürespuren. Und in seinem 2022 erschienenen Band »Guten Tag in Kyōto. Zwei Reisen in Tanka« pflegt Theobaldy die reimlose japanische Gedichtform des »Tanka«, die älter als das Haiku ist und den einzelnen Augenblick festhalten möchte.

Den Begriff der »Alltagslyrik« hat Theobaldy längst abgestreift. Es geht ihm um Erfahrungen, und der Blick bis nach Ostasien verbindet sich immer stärker mit einem unaufwendigen, aber leise und intensiv nachhallenden Ton. Wenn der Leser sich ihm überlassen hat, ist er bereit, mitzuschwingen und diese Form von Weltwahrnehmung zu verteidigen gegenüber all dem Lauten und den üblichen Wortprozessoren, in denen sie unterzugehen droht. Theobaldy hat auch dann Gedichte geschrieben, als überall um ihn herum der »Tod der Literatur« ausgerufen wurde, und er ist seitdem immer wieder auf der Suche nach den Widerhaken der Poesie: »Dichter schaffen keine neue Welt / Dichtung ist nicht befugt / Doch Fischer nehmen dich mit hinaus // in ihren Kuttern volle Netze«.

Inhalt

Abenteuer mit Dichtung 5
Zieh mir die Decke hoch, Baby 6
Gedicht 7
Ostern in Esslingen 8
Briefe und Gedichte 9
Das Bündel 10
Zu Besuch 11
Trakl stapft am Waldrand entlang 12
Speziell für dich 14
Mein junges Leben 15
  Aus: Blaue Flecken, 1974

Blues aus Bayern 17
Spiegel 18
Die Bewohner 19
Durchs achte Glas gesehen 20
Die nicht erloschenen Wörter 21
  Aus: Zweiter Klasse, 1976

Am Rand des Krieges 23
Schuhe im Bidet 24
Im Innenhof 25
Das gelbe Nachtcafé van Goghs 26
Weit oben 27
Näher nachts 28
Ohne Blumen 29
Sommer vorbei 30
Junge Frau als Studentin 31
Licht 32
Kalte Stangen 33
Grünes Gedicht 34
  Aus: Schwere Erde, Rauch, 1980

Hier die Anrede	35
Die Kanäle	36
Hinter Scheiben	37
Untergrundstationen	38
Die Fremden	39
Arbeiten macht müde	40
Mir zur Marter	41
Nacht mit Neon	42
Nicht verlieren dürfen	43
Reisen im Sinn	45
Im Glück der Werbung	46
Der lange Sommer	47
Saison für Krebse	48
Vor der Pension	49
Delos, nach Twombly	50

Aus: Die Sommertour, 1983

Ein Gespenst	51
Sirenen	52
Musikalische Elegie, klassischer Stil	54
Nachmittag im weißen Bikini	55
Oktober	57
Nach London, Musiksturm 1	58

Aus: Midlands Drinks, 1984

Zerzauste Feder	60
In der hellsten Nacht	61
Mit Tusche	62
Gruß nach China	63

Aus: In den Aufwind, 1990

Halbpension am Ortasee	64
Ein Amtsschreiber erwacht	67
Schnitte	69
Die Astronauten	71

Streifzug in die Nacht 73
Letzte Bilderschau 76

Aus: Der Nachtbildsammler, 1992

Erstes Semester 78
Mein Freund ist ertrunken 79
Einem Sieger von unten 80
Schwarzer Kaffee 82
Frau 83
Geschenk der Zeit 84
Am Hang 85
Die Stille, die Tür 87
Kleine Schaufel 89

Aus: Mehrstimmiges Grün, 1994

Leichte Kavallerie 91
Arbeit mit Papier 92
Strich mit langem i 93
Epidemisch 94
Draußen vor dem Dorf 95
Ins Winterbild 96
Aus nächster Nähe 97
Ein Beitrag zur Futurologie 98

Aus: Immer wieder alles, 2000

Bei Thun 99
Goals 100
Rund um Mitternacht 101
Schneckenpost 102

Aus: Wilde Nelken, 2005

Gebackenes 103
Früh dunkel 104
Fernstraße 105
Deodorant 106

Fanfare des Tages	107
Gleitbahn	108
Zungen des Sommers	110
Bunte Kreide	111
Im Herbst blättern	112
Yeah!	114
Wolle	115

Aus: 24 Stunden offen, 2006

Blume mit Geruch	117
Ferne Freunde	118
Eine Art Glauben	119
Ein Klee, ein Berg, ein Monument,	120
Olivenöl	121
Zweige	122
Rille	123
Zeitplan	124
Blüten, Stiele, Blumen	125
In meinen Stunden	126
Zwölf Uhr mittags	127
Ein Tag hebt an	128
Gladiolen	129
Langsamer Sonntag	130
Das Bild der »Welt«	131
Vom Schlafen und vom Wasser	132
Züge eines müden Gesichts	133
Lass rauschen	134
Rote Fahnen	135
Dieser Tag zählt mit	137
Vor dem Horizont	138
Zeugnisse	139
In den Spätherbst	141
Winterfahrplan	142
Uferweg	143
Fernsehen	144
Fußnoten	145

Demograzie 146
Die helfende Hand 148
Halbes Jahrhundert 149
Teure Bilder 150
Alleinunterhalter 151
Durch Hauptwil 152
Des Schlafes Schlaf 153
Neun Gedichte aus dem Fahrradsattel 155
Liebe zum Kanal 156
Komposita 157
Auf dem Platz des Himmlischen Friedens 158
In schwüler Nacht 159
Zum Jangtsekiang! 160
Weiter südlich 161
Von der erfüllten Welt 162

Aus: Suchen ist schwer, 2012

Auch ein Flug von 12 Stunden beginnt unter deinem Fuß . . 163
Von draußen 165
Nachts Licht 166
Schuhlöffel 167
Garten der Leere 168
Nach Shikoku 169
Im Ritsurin-Park 170
In seiner Werkstatt 171
Mit Alkohol 172
Kleine Herberge 173
Nach dem Heißquellenbad 174
Regenschirme 175
Bin im Haiku 176
Stadtbewohner 177
Ein neues Blatt 178
158754 in Nagasaki 179
Ziegelwerk 180
Auf ihrem Posten 182
10.000 Meter hoch 183

Ab die Post!	184
Blüten	186
Nach Norden	187
Oh Ōshima	189
Auf diesem Inselchen	190
Jeder für sich	191
Sei es darum	192
Sendai	193
Zu singen, zu wollen	194
Ahnen gehen vor	195
Hände falten	196
Mit Pinsel und Tusche	197
Richterskala	198
Jahresring	199
Der alte Meister	200
Die Leute	201
Mundgerecht	202

Aus: Hin und wieder hin. Gedichte aus Japan, 2015

Rote Blumen	204
Auf der Tafel	205
Gardinen	206
Drei Kalender	207
Das Schneidebrett	208
Zwischen kalten Leuchten	209

Aus: Auf dem unberührten Tisch, 2019

Oder im November	210
Am Tageshimmel blass	210
Kainszeichen	211
Wer den Frühling kennt	212
Noch im April	213
Lyrik zum Lernen	214
Farben	215
Samstagabends	216
Ballade aus dem Innenhof	217

Sonnenbläschen 218
Schreiber im Nebenberuf 219
Noch eine Weile 220
Herbst kann kommen 221
Oktobergold 222
Oder im November 223
Ein Wissen 224
Weiß wie Eis 225
Nachkrieg 226
Gassenhauer 227
Was ich heute schon getan habe 228
Föhn 230

  Aus: Einfach um die Sonne, 2021

Vom Zweig geschnitten 231
Im Dunkeln rein 241

  Aus: Guten Tag in Kyōto. Zwei Reisen in Tanka, 2022

Schmetterlinge 252
Diesiger Tag 253
Pinselgedicht 254
Husky 255
Sternwärts ist okay 257
In g-moll 258
Die Jahre öffnen mir die Hand 261

Anmerkungen 271

Helmut Böttiger
»Ins Freie!« Nachwort 275

Autor und Verlag danken der Stadt Bern und dem Kanton Bern
für die Unterstützung der Publikation.

Für die freundliche Abdruckgenehmigung danken wir dem
Wunderhorn Verlag (Gedichte aus dem Band »Midlands Drinks«, 1984),
dem zu Klampen Verlag (Gedichte aus den Bänden »Immer wieder alles«, 2000,
und »Wilde Nelken«, 2005) und Klaus Isele Editor (Gedichte aus dem Band
»Einfach um die Sonne«, 2021)

Bibliografische Information der Deutschen Nationalbibliothek
Die Deutsche Nationalbibliothek verzeichnet diese Publikation in der
Deutschen Nationalbibliografie; detaillierte bibliografische Daten sind
im Internet über http://dnb.d-nb.de abrufbar.

© Wallstein Verlag, Göttingen 2024
www.wallstein-verlag.de

Vom Verlag gesetzt aus der Stempel Garamond
Umschlaggestaltung: Wallstein Verlag, Göttingen
Umschlagabbildung: © iStock / Mary Michelle Emery
Druck und Verarbeitung: Pustet, Regensburg

978-3-8353-5584-2